JN005871

自己意識論集 III

意識としての自己

目次

プロローグ　リマのカタコンブにて

中南米のラテンアメリカ諸国は、私にとって、まさに「オウトラ・プラネタ（もう一つの惑星＝異質な世界）」である。大好きな国々であるが、どこか理解不能な面を持つ。

このラテンアメリカ諸国との初の出会いは、一九六八年七月、メキシコの首都郊外に広大なキャンパスを持ち、各校舎を巨大な壁画で飾るメキシコ国立大学への訪問であった。ここで開かれたわれわれの共同研究「課題解決様式（コーピング・スタイル）国際比較研究」のワークショップ（アメリカ、イギリス、ドイツ、イタリア、メキシコから十数人の研究者が参集）に参加したのである。まず最初の日、ホテルの朝食で出された唐辛子で真っ赤なスクランブルエッグ（灼熱の辛さ！）が、その後に続くさまざまなカルチャーショックの皮切りであった。

ちなみにカルチャーショックとは、それまで私自身が持っていた「これが当たり前」という認識が根本的に揺さぶられることであり、現地の「当たり前のこと」に言葉で言い尽くせぬ違和感を持つことである。そしてそこから全く新たな形で、広い世界に開かれた「普遍」が見えてくることも少なくない。

いずれにせよラテンアメリカ諸国に行くと、新たなショックを受け、新たに考えさせられ、新たな気づきを与えられることが多い。中南米諸国は、ブラジル以外はほとんどがスペイン語を常用し、宗教的にはほぼ全員がカトリックであるが、言葉や宗教を含むヨーロッパ文化をそのまま持ち込んだスペインとは、何か根本的なところで相違がある。後の二〇一〇年夏、スペインのサラマンカ大学で一か月余りのワークショップに参加し、中南米の多くの国の学校教育関係者とともに「宗教と教育」の関係について考え直させられる機会を持ったが、その折にも、「本国」と旧植民地との間に今でも残る複雑な感情的もつれを含め、文化移植とそれにともなう文化摩擦にかかわる諸問題についてさまざまな学びができたように思う。

たとえばヨーロッパ的なキリスト教とラテンアメリカのキリスト教では、同じローマ・カトリック教会に属し、日曜日ごとに教会で行われるミサや、イースターとかクリスマスなどの大きな宗教行事は表面上は似ているにしても、人々の内面にかかわる何かが大きく異なるのでは、と思われてならない。スペインに侵略される以前のインカ文明など土着の伝統文化の影響がやはりどこかに根強く残っており、人々の内面の深部にヨーロッパの人達とは大きな相違点を持っているのではないか、と見受けられる面がないわけではない。同じ言葉を話し、同じ宗教的習慣で暮らしているように見えても、生きていくことの根底を支える死生観といった大事な点で、何か根本的な違いがあるようにも思えるのである。

1　部分人骨の膨大な堆積を見る

たとえばペルーの首都リマ、その中心部にあるサン・フランシスコ教会の修道院地下にあるカタコンブ（納骨堂）である。ここを見学した折にも、ペルーの人達の特異な死生観に如実にふれたように思わせられたものである。

時は一九九七年の三月。天井の低い洞窟のような地下通路を案内される。橙色の裸電球が所々に灯り、白い土で固められた壁にヒタヒタと、少数の見学者の足音が低く響く。冷たく埃っぽい重い空気が澱み、説明の声も質問の声も自然に低いものになる。

通路の両側に置かれた長方形の枡の中には、足の骨なら足の骨ばかり、腕の骨なら腕の骨ばかり、何百何千という数の骨がきちんと並べて積み重ねられている。どの骨もみなすっかり黄土色になっている。

少し進んで広い場所に出る。地下の集会場といったところか。この壁際にも大きな井戸状の穴がある。のぞき込むとその中には、数多くの頭蓋骨とさまざまな形の骨とがきれいに組み合わされて、放射状に並べられている。この井戸状の穴の中には、何メートルも同じ形で骨が整理されて積み重ねられ、堆積しているという。そして、こうした穴が他にいくつもある。

この地下カタコンブは、一九世紀初頭のペルー独立までの三〇〇年間、スペイン植民地時代に使われた市民の公共墓地であるという。ここだけで五万人から八万人分の遺骨が納められているという（ちょうど今頃は、地上の修道院前広場の強い日差しの下で、「枝の主日」に参集した数多くの善男善女が宗教的行進を繰り広げているはずであるが、その喧騒もこの地下までは全く届かない）。

当時は人が死ぬと、地下四メートルくらいまで掘られた穴にその遺体を埋めたという。そして二か月ほど経つと掘り出して、手足の骨、頭蓋骨、その他の骨ときちんと分け、所定の箱に納めたという。そこでは、現存の一人の人を形作っていた一個の身体、一体の遺骨といった意識は存在しない。一人の人そのものでもあった一体の骨は、残された遺品として部分部分に解体され、整理整頓され、収納されたわけである。そして、誰の骨ということもなく、次々と積み重ねられ、堆積してきたのがこのカタコンブなのである。

ここにあるおびただしい人骨は、誰のものというアイデンティフィケイション（同定）を剥奪され、また、生きている時には何の某であったというアイデンティティ（同一性）とも無縁の、全く無名の単なる物質に還元されている。これは物質的な身体にではなく、そこに宿る魂のみに〈自己〉なり〈個人〉なりのアイデンティティを認める、といった強烈な個人主義の現れなのであろうか。それとも固有の尊厳を持つ一個の〈自己〉なり〈個人〉なりという意識は、世の中で生きていくうえでの仮のもの、単なる社会的な約束事、という乾いたニヒリズムの現れなのであろうか。

2　緑の「枝」はやがて「灰」になる

カタコンブの地下通路から地上に上がってくると、彩り豊かな一七世紀スペイン風のセビリア・タイルが貼られた回廊に出る。木々の緑にあふれたパティオ（中庭）が美しいたたずまいを見せている。日の光が強烈で、目にまぶしい。

修道院の建物の外側では、重々しい中世風の緑のマントをはおったタデオ信心会のメンバーの男性達が、葦に似たカリソスの葉を編んだ「枝」を手に手にかざして、重々しく広場を行進している。その数は二〇〇人を超えるであろうか。行進の周囲をぎっしりと取り囲むようにして、同様のカリソスの「枝」を手に手に、多くの老若男女がたたずんでいる。

この「枝」は、カトリックの長い伝統において、勝利と生命のシンボルとされてきた。復活祭までちょうど一週間、今日は聖なる週間（セマナサンタ）の始まりを告げる日曜日である。世界中の無数のカトリック教会のそれぞれで、「枝」を手にした大勢の信徒達の姿が見られるはずである。

ところで、ここで誰もが手にしている「枝」（他の国では通常シュロの葉が用いられるが、ペルーではインカ以来の風習もあってカリソスの葉が用いられるという）は、一年近く家庭で大事に保存され、次の年の「灰の水曜日」（復活祭の四〇日前の水曜日）に教会で燃やされて灰とされ、司祭の手によって人々の額に塗られることになる。「人は土から生まれ、また土に帰る」ことを忘れないためである。緑の「枝」が「灰」をはらむ、つまり勝利と生命が死と無化をはらむ、というシンボリズムに他ならない。まさに「メメント・モリ（自分の死を忘れるな）」ということであろう。

3 〈自分〉探し、〈自己〉探究にどのような意味があるのか

ふと我に返ると、一つの問いが頭に浮上してくる。

日本では今、〈自分〉探しとか〈自己〉の探究とかがブームになっている。しかし、このカタコンブで見たおびただしい無名・無アイデンティティの人骨の堆積と照らし合わせた時、〈自分〉や〈自己〉を探したいという願望なり欲求なりに、いったいどのような意味があるというのだろうか。

もちろん、いくら〈自分〉なり〈自己〉なりを探してみても死んでしまえばそれで終わりじゃないか、といった単純な形でこの問いに答えようというのではない。たとえ生きている間だけ、世間で活動している間だけのことであるにせよ、〈自分〉とか〈自己〉にこだわることに、〈自分〉や〈自己〉を原点とし原理として考え、行動し、生活することに、いったいどのような意味があるのだろうか、と考えてみたくなるのである。

この問いはまた、たとえいずれは死という形で解体と無化を迎えるにせよ、それまでの間は、〈自分〉なり〈自己〉なりの意識を原点とし原理として生きていかざるをえない、というあり方に、いったいどういう根拠なり理由なりがあるのだろうか、という問いとしても突きつけられる。

こうした問いに対しては、そもそも解答というものがないであろう。しかしこの問いを念頭に置くことは、時間を超え、空間を超えた一つの確固とした実体としての〈自分〉とか〈自己〉が存在する、という常識的信念を揺り動かして、流動化させずにはいない。そして、新たな視点から〈自分〉とか〈自己〉といった意識の持ち方について考えざるをえなくするのではないだろうか。

強烈な熱帯の日差しの中で、地下のカタコンブのおびただしい人骨の堆積の中に、私自身の頭蓋骨や肋骨、手足の骨もまた、ばらばらにされ、整理整頓された形で混じっているような幻想に襲われる。もちろん私自身はまだ温かい肉体を持って生きているのであるから、この想念は単なる幻でしかない。皮膚の背後、肉の背後に、私の骨々は今はまだ身を隠している。しかし今日から五〇年後六〇年後にはどうであろう。私がすでに死骸となっていることだけは明々白々である。その時に生前は私のものとして一体であった頭蓋骨と肋骨と手足の骨と骨盤がばらばらにされ、整理されるなり散逸するなりしていないと、誰が言い切れるのであろうか。そうした時に、ここで〈梶田叡一〉と名づけられている私自身はどこに存在するのであろうか。あるいは、私自身が固有の名前を持ち、社会的な位置や役割を持ち、知人の間では「○○の人」という確固としたイメージを持たれていたという事実は、つまり一つのまとまった実体として周辺の人達の間に現に存在したという事実は、どこにその確証を持つのであろうか。

「枝の主日」の宗教的喧騒は、広場から教会堂の中へと入っていく。これから、「必然の死を前にしつつ今日生きてあることを寿ぐ」荘厳ミサが、教会堂いっぱいの信者達の熱気の中で始まることになる。想像の翼を広げれば、この教会堂の場合と同様、世界各地の何億というカトリック信徒が、今日の「枝の主日」のミサに参加し、自己の存在の意義を考え、生と死の確認を各自の文化的文脈に沿った形で新たにする、といった機会を持つことになるはずである。

I

〈私〉とは

第1章　〈私〉というこだわり

1　〈私〉というこだわり

「私がやりましょう」「それは私のものです」「私は結局〜なのです」等々、日常の会話では〈私〉という言葉がよく出てくる。〈僕〉とか〈自分〉とか〈おれ〉とか〈あて〉でもいいが、〈私〉を意味する言葉が会話の中に出てくると、言う方にも聞く方にも、暗黙のうちに少なからぬこだわりが生じがちである。もちろん会話の場合だけではない。私達は口に出さないまま、頭の中で、〈私〉が……、〈私〉に……、〈私〉は……と、〈私〉という言葉を要所要所に使って考えることが多い。そうした頭の中での対話の場合でも、〈私〉を入れないで考える場合にくらべて、やはりどこかに強いこだわりが生じているのではないだろうか。

それにしても、〈私〉とは、いったい何なのだろうか。私達は〈私〉を、どのようなものとして考えたらいいのであろうか。

いやいや、こういった問題は、あまり考えない方が無難かもしれない。〈私〉という言葉がそこここに出てくるだけでこだわりが生じてしまうのである。それ以上に進んで、「〈私〉とは？」などという問いに捕まってしまうと、ろくなことはない。第一、そんな問いにこだわること自体、不健康なことかもしれない。何をしていてもこの問いが頭から離れないで、不安になったりいらいらしたりすることになるかもしれない。下手をすればノイローゼになってしまうであろう。

本当は〈私〉などということが全く念頭にない状態で、目の前のことに没頭したいものである。そして〈私〉などということはすっかり忘れて、爽やかに生活したいものである。これが実現できるなら、どれほど健康的で幸せなことであろう。たとえそれが、犬や猫の健康や幸せと同類のものであったとしても。

しかし、そうした悟りをなかなか持てない私達には、〈私〉ということを全く忘れてしまうことなど不可能と言ってよい。忘れてしまうどころか、ことあるごとに、〈私〉は……とか、〈私〉が……とか、〈私〉に……、等々と〈私〉を意識し、しかも周囲に向かって〈私〉を主張してしまいがちである。〈私〉をどこか念頭に置いてしかものを考えたり行動したりすることはできない、と言えるほどである。〈私〉というこだわりをどうしても頭から振り払うことができないことこそ、まさに私達人間の本性である。もっと言えば、これが私達の「業」あるいは「原罪」と言うべきものなのであろう。

2　何が本当の〈私〉なのか

ところで、〈私〉は、それを意識したり口にしたりする人にとっては、疑う余地のない確固とした存在である。あらためて問題にするまでもない、分かりきった大前提である。しかし問題は、本当にそうなのであろうか、ということである。肝心要の〈私〉とは、それほど自明のものなのであろうか、ということである。

たとえば、今〈私〉がこの文章を書いているとしよう。そうした状況において、〈私〉とは、たしかに衣服を着て机の前に座っているこの人物のことである。しかし、そのすべてが本当に〈私〉なのであろうか。たとえば、衣服など外側にまとっているだけで本来の〈私〉ではないとすると、衣服を除いた裸の身体だけが〈私〉ということになるのであろうか。

しかしながら、裸の身体のすべてが〈私〉であると言い切ることにも若干の抵抗がないわけではない。たとえば、事故などで身体の一部分を、たとえば手や足などを失った時、〈私〉が少なくなったとは誰も思わないであろう。不自由になることはあるにしても、依然として〈私〉は〈私〉である。それならば、この頭、今ここで〈私〉とは何かと考えているこの頭こそが、本当の〈私〉と言うべきものなのだろうか。いやいや、頭そのものというより、その頭蓋の中にある意識や意志の中枢のみが本当の〈私〉である、と考えるべきなのだろうか。

ここまで考えてくると、どうしてもデカルトの有名な言葉「我思う、故に我あり（cogito ergo sum）」

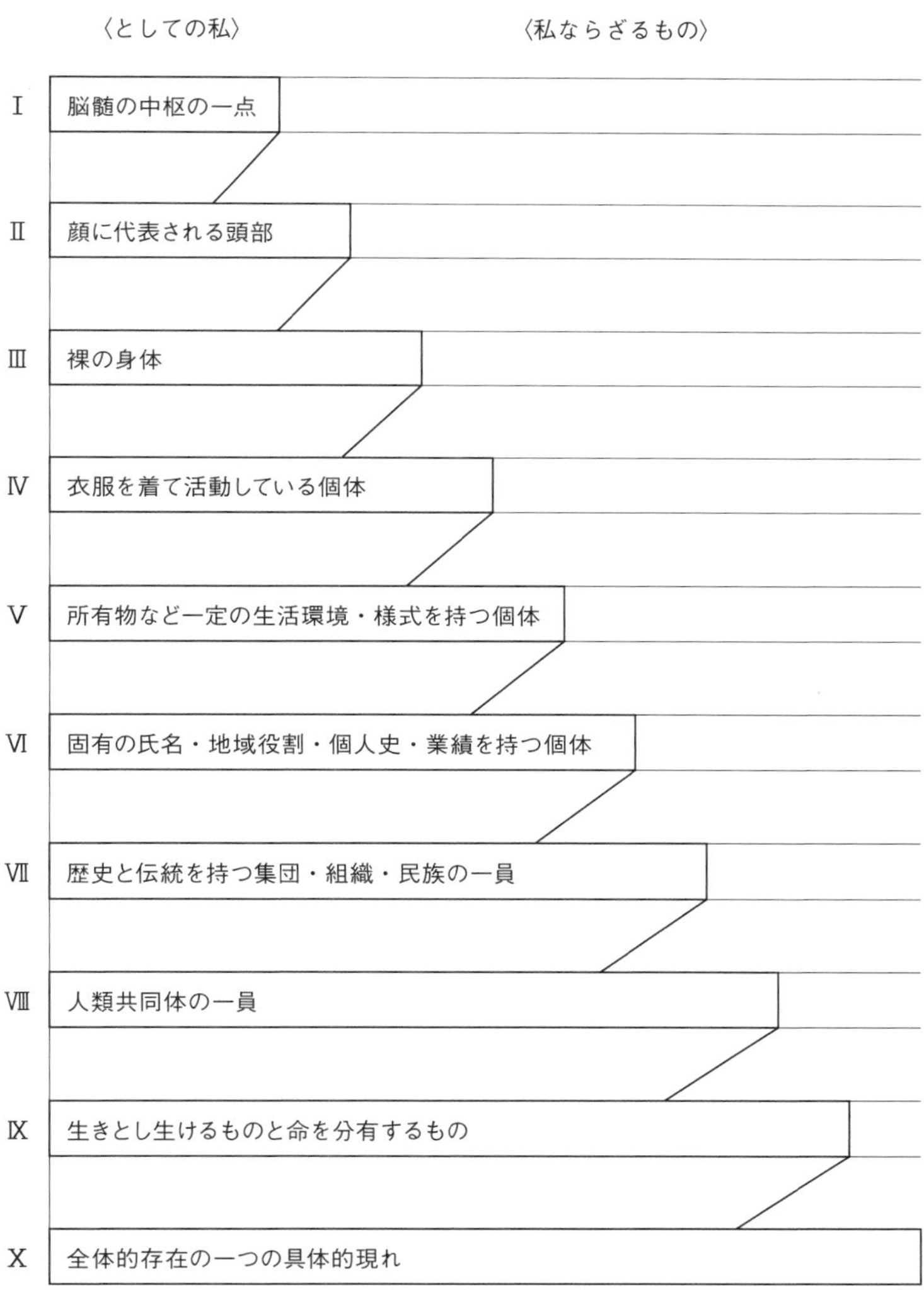
〈としての私〉
〈私ならざるもの〉
Ⅰ 脳髄の中枢の一点
Ⅱ 顔に代表される頭部
Ⅲ 裸の身体
Ⅳ 衣服を着て活動している個体
Ⅴ 所有物など一定の生活環境・様式を持つ個体
Ⅵ 固有の氏名・地域役割・個人史・業績を持つ個体
Ⅶ 歴史と伝統を持つ集団・組織・民族の一員
Ⅷ 人類共同体の一員
Ⅸ 生きとし生けるものと命を分有するもの
Ⅹ 全体的存在の一つの具体的現れ

図 1-1 自分〈私〉の諸相

を思い出さないわけにいかなくなる。デカルトはすべてを疑うことができるにしても、疑っているということそれ自体は、そしてその疑いを生じさせている〈私〉そのものの存在は疑うことができないのではないか、と言う。たとえば木田元の訳によれば[*1]、彼は次のように述べるのである。

——私とは何であるかを注意深く検査し、何らの身体をも私が持たぬと仮想することができ、また私がその中で存在する何らの世界も、何らの場所もないと仮想することはできるが、そうだからといって私がまったく存在せぬと仮想することはできないこと、それどころではない、私が他のものの真理性を疑おうと考えるまさにそのことからして、私の存在するということがきわめて明証的に、極めて確実にともなわれてくること、それとはまた逆に、もしも私が考えること、ただそれだけをやめていたとしたら、たとえ、これよりさきに、もしも私の推量していた他のあらゆるものがすべて真であったであろうにもせよ、私自身が存在していたと信ずるための何らの理由をも私は持たないことになる。このことからして、私というものは一つの実体であって、この実体の本質もしくは本性とは、考えるということだけである。

このように、ふだん〈私〉として考えているものから、非本質的なものと考えられる夾雑物を一つひとつ取り去っていくなら、本当の〈私〉と言えるものは、〈私〉とは、と考える働きそのもの、ということにならざるをえない。つまり極限の原点としての頭蓋の中の一点、といった形で考えざるをえないことになるであろう。これこそデカルトにとっての〈私〉であったのである。

3　自我関与の及ぶ領域の全体としての〈私〉

しかし、〈私〉とは、本来、それほど微小なものなのであろうか。

たとえば、自分の親や子どものことを考えてみることにしよう。他人から自分の親や子どものことを悪く言われたりすると、まるで自分自身のことを言われているように（時にはそれ以上に）腹が立つのではないだろうか。あるいは、自分が苦労してやりとげた仕事はどうであろうか。もっと日常的に言えば、自分の書いた文章や作った作品はどうであろうか。それらが誉められれば自分自身の名誉として誇らしくなるであろうし、厳しく批判されたりするといやな気持ちになり、自己嫌悪に陥ったり、意気消沈したりしてしまうであろう。自分の親や子ども、自分の仕事や作品などが、〈私〉から完全に独立したもの、〈私〉とは本質的に別のものであるとするなら、彼らやそれらをめぐって、「我がことのように」誇らしくなったり腹を立てたりすることはないはずである。

そうすると、〈私〉として考えるべきものの範囲は、〈私〉のこだわりが及ぶ心理的領域の全体ではないか、ということにもなる。これはきわめて広いものにならざるをえない。たとえば、自分のもの、自分のこととしてこだわらざるをえない領域が、自分の車、家、会社、一族、出身校、等々にまで広がっているとすると、そのすべてが〈私〉を構成するものと考えることもできるのである。

こうした意味での〈私〉の広がりについては、かつてウィリアム・ジェイムズも強調したところである。彼によれば、自分自身にとっての〈私〉＝客我（me）は、精神的な客我（自分自身の意識や能力や傾向などについての認識／私は今うれしい、これが欲しい、こういう計画を持っている、などといった意識）からだけ構成されるわけではない。社会的な客我（周囲の人からのイメージ／私はこういう性格だ、〇〇会社の〇〇課長だ、〇〇グループの一員だ、などと見られている）もそこに含まれるし、さらには物質的な客我（自分自身の所有物と言えるもののすべて／自分の身体や衣服、家族、財産など）までもがそこに含めて考えられるべきだとする。そして「もっとも広義には、その人にとっての私（客我）とは、その人が自分のものと言いうるすべてのものの総和である」と述べるのである。[*2]

このように、心理学的に言えば、自我関与（ego involvement）の及ぶ範囲のすべて、「我がこととして考えざるをえないもの」のすべてが〈私〉であり、その意味で〈私〉の世界を構成するものなのだ、ということにならざるをえない。とりわけウィリアム・ジェイムズにとっての〈私〉とは、基本的にこうしたものだったのである。

4　こだわりとしての〈私〉

いずれにせよ、〈私〉にこだわらざるをえないのが、現実の人間の通常の姿である。たとえば、〈私〉はいったいどう見られているのか、大事なものと思われているのか粗末にあしらってよいものと思われているのか、というこだわりが、昔からどこの社会でも、私達の対人関係における最大の関心事の一つであった。

孔子でさえ、こうしたこだわりと無縁ではない。自分が世間的には無名に近いことを時に嘆くのである。たとえば『論語』に、「天を怨みず、人を尤めず。下学して上達す。我を知る者は其れ天かと」（憲問第十四）という言葉がある。これは、「誰も私のことを知ってくれていない、私の価値を知っているのは結局は天だけなのか」という嘆きの気持ちの表現である。また「人の己を知らざるを患へず、人を知らざるを患ふ」（学而第一）とも述べる。「世間の人が自分のことを知らないことを悲しむのでなく、自分自身が世間のすぐれた人のことを十分に知っていないことを悲しまなくては」というのである。これらの言葉は、孔子が自分自身に言い聞かせて自らを慰めているようなニュアンスがないではない。いずれにせよ、世間のまなざしの中で〈私〉がどう位置づけられ評価されるかは、孔子ほどの人にとっても、心理的に簡単に見過ごすことのできない大きなこだわりであったのである。

わが国の『万葉集』にある旋頭歌にも、同様な形で〈私〉への強いこだわりを表現しているものがある。比叡山のある僧侶が、自分の学才が世間の人に認められていないことを嘆いて、次の歌を詠んだという。「白珠は人に知らえず、知らずともよし、知らずとも我し知れらば、知らずともよし」。「本当はこの私がすぐれた存在であることを世間の人達は知ってくれるべきなのであるが現実にはそうでない、しかし私自身が自分の学才についてよく知っているのだから、世間の人に知られていなくたっていい」という若干開き直り気味の嘆きの歌である。私のことを本当はもっと多くの人が知ってくれるべきなのだが……、というこだわりの気持ちは、この僧侶の場合も孔子の場合と同様だったと考えていい。

私達が強くこだわらざるをえないのは、自分が他の人達にどう見られているか、ということだけではない。あれこれのことが自分にとってどのような「利益」をもたらすか、ということにもまた私達はこだわってしまう。この「利益」ということは必ずしも経済的なものに限定されるのでなく、広い範囲での利便や満足感をも含む。したがって自分が有名になることも、自分に満足できるような仕事ができることも、自分の好きな人といっしょにいられることも、この意味での「利益」に含めて考えることができる。そうすると私達の生涯は、〈私〉にとっての「利益」というこだわりに貫かれたもの、と言っても過言ではないことになるであろう。

5 〈私〉を〈私〉であるとする意識

いずれにせよ、〈私〉に対してこうした強いこだわりがあるからこそ、どのような場にあっても〈私〉に関係のあるものには自然に目が向き、〈私〉にとってどのような意味や価値、「利益」があるのか、暗黙のうちに吟味検討してみざるをえなくなるのである。

このように「こだわり」という点から考えてくると、〈私〉を空間的な一点として狭くとらえる考え方に対しても、自我関与の及ぶ領域として広くとらえる考え方に対しても、根本的な疑念が生じてこざるをえない。たとえば、何かの事故で意識を失ってしまったとしよう。その場合には、〈私〉の頭や身体がそこにあったとしても、あるいは〈私〉の家族や財産等々は以前と同様であったとしても、〈私〉として何かにこだわる意識は消失してしまっている。そして、〈私〉にとっての〈私〉もまた消失してしまっている。〈私〉としての意識なりこだわりなりが存在しなくなったところでは、いくらそれまで「私は……」とか「私が……」と口にしていたその同じ顔がそこに存在していたとしても、もはやその人にとっての〈私〉は、決定的に失われてしまっているわけである。

そうすると、結局のところ〈私〉とは、自分自身を〈私〉とする意識であり、〈私〉というこだわりそれ自体である、と言うことができるのではないだろうか。

そもそも自分自身を〈私〉とする意識は、何よりもまず、個人史的な記憶の一貫性によって支えられていると言ってよい。私達の頭の中には、小さな頃から〈私〉が何をやってきた、何を経験してきた、という情報がストックされており、そうした累積的な記憶が「時間的な流れの中に一貫して存在し、今日まで継続的に発展展開してきたもの」という形で〈私〉を意識させるのである。こうした〈私〉意識の一貫性とそれにもとづく自己規定の意識（「私は他ならぬ～である」という意識）は、アイデンティティと呼ばれることもあるが、これこそ〈私〉意識の中核にあるもの、自分自身にとっての〈私〉のレゾンデートル（存在証明）になるもの、と言えるのではないだろうか。

一貫した記憶の累積、そしてそれに支えられたアイデンティティは、〈私〉が〈私〉であるためにどうしてもこだわらざるをえない原点とも言うべきものである。こうした見方をするならば、水島恵一[*3]が述べるように、クローン人間（複製人間＝われわれの細胞を採取して増殖させて作り出した遺伝子的には同一の人間）を作って、そこに〈私〉の記憶の複製を注入してやれば、同一の〈私〉が何人も生じることになる、といった想定も、あながち不可能ではないということになるであろう。

いずれにせよ、「時間の流れの中に一貫して存在し、今日まで継続的に発展展開してきたもの」としての〈私〉という意識を持ち、しかもそうした〈私〉の「利益」を追求し、将来にわたって発展させていく、という方向であらゆるものを見ようとするところから、〈私〉というこだわりが生じることになる、と考えておくことができそうである。

しかしながら、記憶の一貫性を重視するとしても、それは頭に一撃を食らうだけで容易に消失してしまうものである。〈私〉の意識とかこだわり、アイデンティティと言ってみたところで、それはしょせん、その時その場におけるその人の意識世界に映じた一つの風景、というだけのことかもしれないのである。

6 〈私〉の主人公は本当に〈私〉なのか

ところで、〈私〉としての意識、こだわりは、自分が自分自身の主人公である、という暗黙の前提を含んでいる。つまり、〈私〉は自分の内外の対象に対する意識や操作のすべてを生じさせ、統制するもの、という前提のうえでのこだわりなのである。

たとえば、毎日毎日の慌しい生活の中で、われわれの頭の中にはいつも、さまざまな思いが浮かんでは消え、浮かんでは消え、している。「今日中にあれとあれを片づけて……」とか、「なんとかあれがどうにかならないだろうか……」といった類の思いである。そのような場合、そこにはいつでも〈私〉が、暗黙のうちに、行動や願いの主体として前提されている。つまり、何かを片づけるものとしての〈私〉、どうにかならないだろうかと願っているものとしての〈私〉等々が、断続する思いの背後に厳然と存在していることが、無意識のうちに想定されているのである。言い換えるならば、私自身の主人公は私自身である、ということが、疑いようのない前提とされているのである。

しかし、このことは本当に疑いようのないことなのであろうか。私自身の主人公は本当に私自身なのであろうか。たとえば一度、こういうふうに考えてみてはどうであろう。「これをしてしまわなくてはとか、あれをなんとかしたい、といった思いが次々に頭をよぎっていくのだけれど、それを本当にそうさせているのは、はたして自分自身なのだろうか？　それとも、何か大きな力が自分に働きかけて、こういうさまざまの思いを自分の頭にもたらしているということはないであろうか？　さらに言えば、自分が考えている、願っている、意図している、というのは一種の幻想であって、本当は何かにそう思わせられているだけではないのだろうか？」といったふうにである。

もっとロマンチックな言い方をすれば、「いろいろな思いを自分で持っているように思い込んでいるが、本当は、何かの精霊がこの私にそういう夢を見させているだけではないだろうか？」という疑いでもいいだろう。あるいは、〝科学的な〟表現を用いて、「私は、脳神経系という生理的メカニズムによって、私自身があたかも私の主人公であるかのように考え行動しているわけである。しかし、そうした生理的メカニズム自体、私が作りだしたものではない。私がそのことに気づいた時にはすでに、私自身に与えられていたものである。だから私は、与えられた装置によって、私自身の主人公は私なのだと思わせられているにすぎないのだ！」というふうに考えてみてもよい。

こういった視点から考え直してみると、自分の日常の発言や行動がすべて気になってくるはずである。自分が考えてそう発言した、自分がこう意図してそう行動した、自分がこういう考え方をしてそう決断した、自分がこういう障害を乗り越えこう頑張ってきた、と今までは思っていたのだけれども、それは本当にそう言ってよいのだろうか？　そこにはたしかに自分なりの意志なり能動性なりがあるとしても、そうした自分なりの働きの原動力となり主人公となっているものは本当に〈私〉と言ってよいのだろうか？　こういったことを、どうしても考えざるをえなくなる。これが、ある時期以降の私自身の実感でもある。

7　「一般者」の具体的個別的現れとしての「私」

このような時、この〈私〉を超えた大きな何者かを想定してみたくなるのではないだろうか。つまり、なんらかの意味での普遍的な「一般者」の存在を考え、この小さな〈私〉という存在は、そうした「一般者」を構成する一つの「装置」、一つの具体的現れであって、この〈私〉が具体的に追求し達成しようとしているところは、「一般者」が本来的に持っている広大な時間的空間的可能性の広がりのごく一部を追求し現実化しているに他ならない、といった想定である。もちろんこの「一般者」を、「大自然」とか「世界」とか「神仏」とか呼んでみてもよい。要は、この〈私〉が何かを考えたり、願ったり、行動したりしているというより、なんらかの意味での「一般者」が、この〈私〉において、そう考えたり、願ったり、行動したりしている、といった感覚であり、想定である。

このような形で〈私〉をとらえるならば、目の前の名もない小さな草花も、尻尾を下げてウロウロしている汚い野良犬も、あるいは細い列となってせっせせっせと働いている蟻の群れも、この〈私〉と同様、「一般者」の大きな働きを構成する重要な要素としてそこでそうしているのだ、というふうにも思えてくるのではないだろうか。「一般者」がこの草において小さいながらも美しい花を咲かせており、この野良犬において街での歩みを今ここでしており、この蟻において何かの荷物をせっせと運んでおり、といった見方である。そうすれば、目に映るあらゆる生き物に共感でき、親近感を抱き、仲間意識を持たざるをえなくなる。存在する事物にも現象にも、不要なもの偶然的なものはなく、それぞれそれなりの根拠、必然性を持ってそこにそうあるのだ、ということになる。そして、この〈私〉のたまたまの（と思われる）思いや行動も、そうした広い世界の中で、あらゆるものや動きとの必然的なかかわりの中での必然的なものである、ということになる。

そのように考えていくならば、自分の側からの（頭の中での）はからいを捨て、力みを捨て、内的な促しに導かれ、ご縁を大事にして、自然体でやっていく、という生活態度に導かれざるをえなくなるであろう。また、ここから、自分自身に対して与えられている「自然」としての内的欲求や衝動、感覚や感性などといった内面的事実に関心を持ち、自分自身の内面世界の探究を深めていく、という姿勢も生じてくることになるかもしれない。

もちろん、こういった想定そのものが基本的に非現実的である、として一蹴することも可能である。現に今、あらゆるものから独立した〈私〉がここにこうして存在しているのであり、その〈私〉が自主的自律的に考えたり行動したりしているのであって、そうした自明の事実を根底から疑ってかかるなどということは、それ自体病的な発想であり姿勢ではないか、と切り捨ててしまうこともできるであろう。しかし本当にそう割り切って考えてよいのであろうか。そうした割り切り方自体が、一つの自己欺瞞ではないのだろうか。

8　幻想としての主体性

この〈私〉が私自身の思考や行動の究極的な主体である、と思い込んでいること自体、一つの幻想ないし妄想ではないことを、われわれはいったい何を根拠に主張できるのであろうか。日常性にどっぷりと首までつかっているが故に、つまり日々の惰性的生活の中でものごとを表面的にしか考えようとしない習慣が身についてしまっているが故に、われわれは自分自身の主体性という幻想の中にしっかりと閉じこめられ、身動きできなくなっている、という可能性はないのであろうか。そういうことは絶対にないと言い切れるのであろうか。発想の根本的転換がないとわれわれの真実の姿を垣間見ることができない、ということははたしてないのであろうか。

たとえば、オックスフォード大学のリチャード・ドーキンスらが説く「利己的遺伝子説[*4]」も、この意味から言って非常に興味あるものである。この説によれば、本当に実在するのは個体としての人間でなく、その個体の形成過程を、またそれを通じてその個体の機能そのものをコントロールしている遺伝子なのだ、ということになる。そして個体としての人間は、その遺伝子を保護し、増殖し、永続的に伝達していくための便利な乗り物（生存機械）として存在する、というわけである。〈私〉についての意識やこだわりを含め、各個体が自分自身を一個の主体として考え、判断し、行動していることのすべてが、実は、遺伝子の生存と繁栄のためにそう操られ、機能させられているだけのことである、というのである。ここでは、こうした考え方に深入りしたいとは思わないが、発想の根本的転換という意味で興味を惹かれる視点であることは間違いない。もちろん、ここで考えてきた流れから言えば、「利己的遺伝子」にしても最終的な実在ではなく、何者かのためにそうした生存様式を取らされている存在として考えざるをえないのではないか、という問題は残るであろうが。

9 「鳴鳴」としての経験、そして〈私〉

いずれにせよ、自分自身が究極的な主体である、この〈私〉が〈私〉自身の主人公である、といった無意識的な大前提に対する反省は、これまで、多くの宗教家、思想家、哲学者が、さまざまな形で行ってきたところである。仏教における「無我」「無心」、特に親鸞における「はからいによって」という発想、「他力」の思想はその典型の一つであろう。さらには『旧約聖書』「ヨブ記」を貫く思想、そしてキリスト教における「神の御旨のままに」という考え方等々いずれもこうした反省のあり方を示すものと考えることができるであろう。

特に禅宗においては、きわめて具体的な日常卑近の例を用いて、幻想としての主体性について説くことが多い。

たとえば、こういう情景を思い浮かべてみていただきたい。一陣の風が吹いて鈴がチリンチリンと鳴っているとしよう。風が鳴らしたからその音があるということではない。といって、鈴が鳴っているからその音があるのでもない。もちろん〈私〉（の耳）が聞いているからその音があるのでもない。風と名づけられた事象と、鈴と名づけられた物象と、〈私〉と名づけられた心象との出会いの世界において、「鈴の音」という現象が成立しているのである。道元[*5]の言い方を用いるならば、「風鳴にあらず、鈴鳴にあらず、心鳴にあらず、嗚鳴なり」ということになるであろう。

「嗚鳴なり」であるとすると、この〈私〉が何々をしている、という思いも、実は、さまざまな事象の絡まり合いの中で、たまたまそういう思いが生じた、というにすぎなくなる。何がなんでも因果関係を見てとろう、という硬直化した姿勢が常にあるために、〈私〉を無理にでも自分自身のあらゆる動きの主人公に想定してしまおうという整理の仕方をしているにすぎない、とも考えられるのである。

このことは、また、西田幾多郎の「個人あって経験あるにあらず、経験あって個人あるのである」という主張を思い起こさせる。ここで言う「経験」は、まさに「嗚鳴」としての現象であろう。「経験」の発端は、たとえば「色を見、音を聞く刹那」である。何かを見たり聞いたりした瞬間には、「見たり聞いたりしている主体は〝私だ〟」という意識もなく、「見られたり聞かれたりしている当の対象は〝何々だ〟」という意識もないはずである。そこには「色を見、音を聞く」という裸の体験的事実が、そのままの形であるのみであろう。これが西田によって純粋経験と呼ばれたものに他ならない。

しかし、われわれはすぐに、言葉を用いて自分の身に起こっていることを整理してとらえ、理解しようとする。単に「色を見、音を聞く」だけにとどまらないで、すぐに、「あっ、青い色だ!」「あっ、ロックの音楽だ!」といった具合に意識してしまうのである。まずもって、自分の経験しつつある(した)ことを言葉によってカテゴリー分けし、「〜だ」とか「〜している」といった述語的な表現で理解しようとするのである。

さらに進んで、もっときちんと整理して考えようとする場合には、こうした述語的表現を文節化し、対応する主語を想定し、「〜が〜だ」とか「〜が〜している」といった具合に、まとまった一つの叙述として表現しようとする。自分の身に生じている経験の全体を言語的に首尾一貫した世界として構成しようとするわけである。だから先にあげた経験も、「私は、この青い色に目を奪われている！」「私は、今、誰々の演奏するロックの音楽を聴いているんだ！」（あるいは「誰々が、今、私の聞きほれているこのロックの音楽を演奏しているんだ！」）といった具合にきちんとした形で意識されることになるのである。あるいは、ここからもう一歩を進めて主語の側に意識の焦点を移し、「この青い色に目を奪われているのは、私だ！」「ロックの音楽に聞きほれているのは、私だ！」（あるいは「このロックの音楽を演奏しているのは、誰々だ！」）といった具合に考えようとすることもあるかもしれない。

あらためて言うまでもなく、そうした整理を通じてはじめて、〈私〉が主語としてクローズアップされ、主体として意識される、という事態も生じるのである。これこそまさに、「経験があってはじめて個人がある」ということではないだろうか。

10　独我論的〈私〉からの解放

もちろん経験は、個人的な感覚なり認識なりを超えたもの、という面を持つ。ある個人にそこでの感覚や認識を生じさせている場あるいは事象の全体的な構造までをも意味しているからである。繰り返すようであるが、これが「鳴鳴」としてのとらえ方に他ならないであろう。西田は「個人的区別より経験が根本的であるという考えから独我論を脱することができ」と述べる。これは、経験の本質を「鳴鳴」

としてとらえるからこそ、〈私〉の閉ざされた内面世界の中に獲得され蓄積されていく独我論的経験という自閉的な狭さから逃れることができる、ということを意味するものではないだろうか。

西田はさらに続けて、「また経験を能動的と考えることに因って……」と述べる。やはりここからも、西田の言う経験は〈私〉という主体が周囲の環境との相互作用の中から〈私〉の中に獲得し蓄積していくもの、といった〈私〉中心のものでないことが明らかになるであろう。〈私〉中心の経験概念であるならば、基本的には〈私〉によって獲得されるものであり、必ずしもそれ自体として「能動的」とは言えないであろうからである。ここで言われている経験は、〈私〉の獲得するものというより、〈私〉と周囲との必然的（運命的）な出会いにおいて、それ自体の必然性を持って成立してきた何者か、というふうに考えるべきではないだろうか。先に述べた言葉を用いるならば、なんらかの〈一般者〉の全体的な働きの一部を構成するものとして、ここでこういう出会いがあり、こういう経験が成立したのだ、というふうに言ってもよいのかもしれない。

このように「鳴鳴なり」という視点や「経験あって個人ある」という視点を強調するならば、この〈私〉は結局どこにも存在しないのか、ということにもなる。この〈私〉という存在は虚空の中にかき消されてしまうのか、ということにもなるであろう。もちろん、そんなことはない。たとえ「鳴鳴なり」であったとしても、「私（の耳）」の存在がかき消されるものではないのである。そして、視点を「私（の耳）」に固着させ、それを中心に考える、という便宜的操作を行うならば、「私（の耳）」が「鐘の音」を聞いている、という整理の仕方をすることもまた可能なのである。もし仮に問題があるとするならば、そうした「私（の耳）」に視点を固着させた整理の仕方は、「鳴鳴なり」という整理の仕方にくらべて次元が低く、偏狭である、ということにあるのではないだろうか。

逆に言えば、われわれの日常的な習慣となっている視点の取り方、すなわち〈私〉に視点を固着させ、〈私〉中心にすべてを見ていく、といった視点の取り方を返上することによって、〈私〉へのこだわりからの解放が実現し、広い視野に立った新しい展望が開け、世界が新たな形で見えてくる、ということではないだろうか。

＊1　木田元『反哲学史』講談社、一九九五年。

＊2　James, W., *The Principles of Psychology*, Vol. 1. New York: Holt & Co., 1980.

＊3　水島恵一『自己の心理学——人間性の探求』（現代教養文庫）社会思想社、一九七三年（『人間性心理学大系5　自己と存在感』大日本図書、一九八六年）。

＊4　リチャード・ドーキンス『利己的な遺伝子』日高敏隆他訳、紀伊國屋書店、一九九一年（原書初版刊行は一九七六年、本書は改訂された一九八九年版の翻訳）。

＊5　道元『正法眼蔵』「恁麼」の巻。

第2章　公理系としての〈私〉

1　自己イメージの基盤にある基本的な意識体験

〈私〉という意識は、考え出すとなかなか難しい問題を含んでいる。日常的には、この〈私〉が存在するということも、その〈私〉が独自の固有性を持つ存在であることも、そしてこの〈私〉こそが自分自身のあらゆる言動の主体であることも、今さらあらためて云々するまでもない自明のことのように思われる。しかしながら本当は、そう簡単に考えてしまうわけにいかないのである。固有の〈私〉、主体としての〈私〉といった思い込みは、たんなる幻想あるいは幻影にすぎないかもしれないからである。もしも幻想ないし幻影にすぎないのならば、それにとらわれない真実の姿、包装紙を剝いでしまった正味の姿、を探究したくなるであろう。

もちろん私達は、誰もが「これこそが現実であり真実である」と信じている日常知（世間共有の暗黙の「常識」）、体験知（自分自身の体験を通じ、これはこうだと実感し納得しているところ）を尊重し、そこから出発していくことを大切にしなくてはならない。私達は、そうした日常知、体験知を基盤とし、それを拠り所として現実に生きているからである。ただ、私達が自分自身の存在のあり方について問い直すその最も土台となる地点において、基本的には日常知なり体験知なりを必ずしも自明の前提とするわけにいかないのが問題なのである。日常知なり体験知なりが信じられなくなるという事態が生じてしまうということが、つまり、私達が毎日生活し、生きているその大本の土台が幻想ないし幻影でしかないのでは、という問いが生じてきてしまうということが、やっかいな問題なのである。

しかしながら、幻想であろうと何であろうと私達の日常知なり体験知なりがある内容を持って成立していることには、それなりの根拠があるはずである。私達誰もが「〈私〉とは基本的にはこういうものなんだ」といった形で自己イメージを持っているとするならば、その土台に、自分自身に関してそういう思い込みを持たせるようななんらかの体験と認識の様式が存在するのではないだろうか。つまり、〈私〉とはこのようなものであると誰もが思い込むのに十分なだけの体験的認識的な土台が、私達の誰に対しても共通な形で日常的に与えられているのではないか、と思われるのである。だからこそ私達は、きちんとした根拠があろうとなかろうと、「これこそ現実であり真実である」といった日常知なり体験知なりを、何の疑いもなく持ち続けているのである。

たとえばヤスパースは、その古典的な業績とも言える『精神病理学総論』において、この問題にふれている。そして「自我が自己自身をいかに意識するか」について、自己の「能動性（Activität）」「単一性（Einheit）」「同一性（Identität）」「外界への対立性」と呼ぶ四つの基本的な体験的意識のあり方があることを指摘する。私達の誰もが一般にこうした体験や意識の様式を備え持っているからこそ、誰もがほぼ共通の形で自分自身を意識するようになるのだ、というわけである。つまり、この〈私〉が厳然として存在する、この〈私〉は自分自身のあらゆる言動の主体である、等々といった自己意識の持ち方は、こうした私達の誰にも備わっている一般的な体験的意識のあり方によるものと考えるのである。だからこそ、そうした一般的な体験的意識のあり方が通常の人の場合とは違うという事態が生じるならば、先の四つの点のそれぞれについて、特有のタイプの自我意識の異常（他の人達の共有する一般的な日常知とは異なるという意味において）がもたらされざるをえなくなる、ということにもなるのである。

2　自己意識を支える基本的な体験様式

ヤスパースのあげる四つの基本的な体験的意識について、もう少し具体的に見ておくことにしよう。[*1]

第一の「能動性」は、簡単に言えば、自分自身の活動を自分がやっていることと感じるといった体験であり意識である。今〈私〉が何かを考えている、今これを行っているのは〈私〉なんだ、といった自分自身の能動性・主体性についての体験的な意識が、私達にはふつう、いつでもつきまとっている。体験的な事実として、やはり〈私〉の主人公は〈私〉自身に他ならないとしか感じられないのである。しかし、こうした点での体験なり意識なりを欠いた人も存在する。ヤスパースはこうした点での異常を総称して「人格感の喪失（離人現象）」と呼ぶ。これは具体的には、身体や活動の感覚にしても、思考や行動にしても、さらには感情にしても、それが〈私〉のものでない、ひとりでに起こる、あるいは何者かにそうさせられている、といった形でしか自分には感じられない、といった状態である。〈私〉が独立した主体的なものとしては体験できなくなっているのである。これはたしかに、誰にでもあることではない。その意味では異常な体験様式である。しかしながら、自己意識の異常ということは、そもそも、そうした体験なり意識なりをしている人があくまでも例外的な少数者である、という意味においてでしかないのかもしれない、という留保条件を常につけておかねばならないのである。

さて、第二の「単一性」は、それぞれの時点で自分自身をまとまった一つの存在であると感じている、といった体験なり意識なりの様式である。自分がたとえ相反するさまざまな機能や欲求を持っているとしても、結局は自分自身を〈私〉という一つのまとまったものとして感じているわけである。これもまた大多数の人にとっては当然すぎるほど当然な体験的事実であるが、時にこうした点で他の多くの人達とは異なった体験や意識を持つ人があるという。自分自身には相葛藤する二つの心があるとか、私の中には天使と悪魔がすんでいるとか、自分自身の内的分裂を強く意識せざるをえない状態の人である。もちろんこの場合にも、自分自身の内部に相矛盾する要素が内在するにせよ、あくまでも自分自身を単一の存在として統合的に体験なり意識なりできるということは、単にその方がやっていきやすいという便宜上の習慣にすぎないのかもしれない。あるいは、その人のあり方が非常に単純素朴であって自分自身の内部にそれほど相矛盾する要素が存在しない（あるいは気づいていない）というだけのことかもしれない。したがってこの点での通常と異常との区別も、どのような体験なり意識なりのあり方が多いのかという点にのみかかわっているのかもしれないのである。

第三の「同一性」とは、自分が幼児の頃も、子どもだった頃も、青年になってからも、その後においても、自分はいつも同じ自分であった（ある）、という感覚であり意識である。時間の経過にかかわらず、そして見かけや社会的位置などの変化にもかかわらず、「何の某」という自分自身の本体は変わらない、という確信である。これも大多数の人にとっては疑問の余地のない当然至極のことであろう。しかし時には、何年何月何日以前の自分と、それ以後の自分とをはっきり区別して感じている人がいないではない。生活上の強烈な体験をしたり、回心といった強い宗教体験があったり、何かを境に生活形態や環境条件が激変したり、というような場合である。こうした意識が強い場合には、自分は何年何月何日に生まれ変わったとか、以前の自分と以後の自分は根本的に違う、という意識の持ち方となる場合もないわけでない。そこまで強烈に自分の「同一性」の断絶を意識している例はそう多くないとしても、弱い形で自分自身の時間的不連続を感じるものとなると、実はそれほど珍しいことでないのではないだろうか。

第四の「外界への対立性」とは、自分自身をはっきりとした境界を持つものとして感じ、他の人や周囲の事物を「自分でないもの」として感じる体験様式である。われわれは免疫という形で、生理的にもそうした「自己・非自己」の峻別メカニズムを持つ。しかしこの峻別は、頭で考えるほど単純なものではない。先の章で検討したように、本当の〈私〉とはいったい何なのか、どの範囲までを〈私〉と呼ぶべきなのか、必ずしも分明でないからである。しかしながら、自分と他人あるいは事物との境界それ自体についての感覚が失われているというのは、それとは若干事情が異なる。メスカリンやハシシを服用した場合のように、犬の吠える声がそのまま私自身の痛みとなり、オレンジの輪切りを見ていると私自身その輪切りの一部となる、といった自己の溶融現象とでも言うべき意識状態が存在するのである。もちろんこの弱い形のものは、われわれも日常的に、感情移入なり共感なりとして体験していないわけではないが、やはりここまでのものは通常の意識のあり方としては例外的と言うべきであろう。

3　基本的体験様式と主体性信仰

さて、ヤスパースが指摘するように、自分自身にかかわるこうした一般的体験様式が、多くの人の自己意識の共通的な基盤となっているとしてよい。そして、ごく少数とはいえそうした体験様式を欠く場合があり、そうした人がこれまで異常として扱われてきたわけである。しかし大多数の人の場合でも、なんらかの非日常的な体験によって、あるいはメスカリンなどの薬物を用いることによって、時にはそうした体験様式の呪縛を脱することがあるのである。このように、日常知としての自己イメージと言っても、結局は共通の体験様式に支えられて誰にとっても常識的な前提となっている、という以上の何か確固とした自明な根拠を持つものと考えるわけにはいかないのである。

私達の持つ強力な主体性信仰にしても、結局はそうした体験様式のしからしめるものと考えてよいであろう。自らの主体性なるものが、たとえ一つの幻想ないし妄想であるという可能性を持つとしても、私達は日常そうした疑念を持つことはほとんどない、ということには、その基盤として私達に共通な体験様式によって形成された基本感覚が潜んでいるのである。

ヤスパースの指摘したところをも踏まえて考えてみるならば、私達の主体性の意識を支えている基本感覚には、少なくとも次のような柱が存在していると言ってよいのではないだろうか。

(1)　〈私〉は、時間を超え場を超えて〈私〉自身である。〈私〉は、時と場合によって、またどういう人がそこにいるかによって、さまざまな形で立ち現れることがあるにしても、常に一貫して〈私〉

自身であることは間違いない（自我同一性）。

(2)〈私〉は、結局のところ自分の意志と決断によって行為し、自分自身のあり方を自分の力によって統制している。〈私〉には自由意志があり、たとえどんな気まぐれであろうと、自分がその時にそう思いさえすればその通りにやることができる（自由意志）。

(3)〈私〉は、誰にもうかがい知ることのできない「奥の院」とでも言うべき私秘的な内面世界を持っている。この内面世界において、〈私〉だけに知られる喜怒哀楽が去来し、欲望や願望、意志や決断、等々が生じる。この内面世界こそが〈私〉自身に行動を発動させるところであり、〈私〉自身の主体性、自立性の中心と言ってよいところである（私秘的内面世界）。

4 〈私〉意識の基盤となる〈公理系〉

ここで見てきたところからだけでも、独立不可侵の〈私〉が厳然と存在すること、しかもそうした〈私〉は時間と空間を超えて常に同一の実体を持つこと、などといった自己イメージの基本的な根幹部分が、なぜ多くの人にとって共通であるかが理解されるのではないだろうか。先に見たように、たとえ〈私〉が本質的には現象的なものでしかないにしても、その〈私〉について、その日常的な体験の仕方、意識の仕方の共通性によって、いわば共同幻想とでも言ってよいものが、容易に疑いを許さないほどの確固とした形で厳然と成立しているのである。

こうした共同幻想としての〈私〉意識の基本的枠組みを、一つの〈公理系〉として考えてみることも可能であろう。私達は自分自身について一定の〈公理〉ないし〈公理系〉といった意識の枠組みを持ち、それを大前提として生きていると考えられるのである。もちろん、その枠組みなり前提なりの究極的な真理性は必ずしも保証されているものではない。しかし、そうした自己意識にかかわる〈公理系〉には、多くの人が共有する体験様式という根っこが存在するのであり、またこれと同時に、その社会その時代の人々が自分自身に関する体験様式に対して与えた意味づけの体系（すなわち文化的枠組み）が存在し、それがその社会その時代における自己意識の〈公理系〉の具体的内容を準備していると考えられるのである。

たとえば、現代日本に生活する人々の大多数は、自分自身に関する共通幻想とも言える〈公理系〉の基本をなすものとして、少なくとも次のようなイメージを持っているのではないだろうか。

〔公理：１〕　私は、独自の個体（独立した有機体）として存在する。
〔公理：２〕　私は、自分自身の主人公であり、自由意志によって自主的判断を行う。
〔公理：３〕　私は、生まれてから死ぬまで一貫して自分自身である。
〔公理：４〕　私は、出生以前には存在せず、また死とともに消滅する。

多少の異議はあるかもしれないが、次の二つも、現代日本人の自己意識にかかわる〈公理系〉に加えてよいかもしれない。

〔公理：5〕　私は、多くの人と基本的に同等の存在であって、私だけが特別の価値を有するものでも特別に劣った価値のものでもない。

〔公理：6〕　私は、自分の努力によって私自身を向上・発展させていくことができる。

繰り返すようであるが、この一つひとつが〈公理〉であるというのは、われわれは日常的にはこれらを自明の真理であると信じ、暗黙の大前提として生きているのであるが、こうした前提の自明性・真理性を疑おうとすれば根本から疑うことが可能である、という意味においてである。言い換えるならば、こうした〈公理系〉を直接的で自明の真理とし、それを基盤としてわれわれは考え行動している、という事実があるのであるが、この〈公理系〉の一項でも変更されれば、そこから引き出される〈私〉〈他者〉〈世界〉などについての基本的な考え方（定理）も、また、それを枠組みとした態度や行動のあり方、さらには生きていく姿勢や原理も大きく変わっていかざるをえない、ということなのである。この点については、ユークリッド幾何学の公理系を構成するただ一個の公理（たとえば「二点間を結ぶ直線はただ一本だけ存在する」）を変更するだけで、多様で多彩な非ユークリッド幾何学の体系が出現してくるという事実とのアナロジーで考えてみることができるであろう。

5　〈公理系〉のバリエーション

こうした〈公理系〉としての基本的〈私〉意識は、時代により社会により少しずつ異なってくることは、先にあげた六つの〈公理〉の場合は、西欧流の個人主義と世俗主義、そして大衆社会化現象として指摘されてきた意識傾向の影響を強く受けている現代日本人が多少なりとも共有するものであろう。しかし、別の時代、別の社会では、当然のことながら、〈私〉意識に関する〈公理〉のどこかが相違した別種の〈公理系〉の存在する可能性があるのである。

たとえば、インドの宗教思想に根強い輪廻転生を信じるとするならば、ここであげた〔公理：4〕は、次のようなものに変更されることになる。

〔公理：4／別1〕　私は、出生以前には別の個人の形で存在していたし、私自身の死後もまた、別の個人として生まれ変わって生き続けていく。

また、キリスト教やイスラム教、一部の仏教宗派の思想に見られるように、出生からはじめて自分が始まるにせよ、自分の死後に行くべき極楽（天国）とか地獄といった世界の存在を信じるとするならば、この公理は次のように変更せざるをえなくなる。

〔公理：4／別2〕　私は、出生以後の自分の行為に応じて、死後、極楽（天国）あるいは地獄で新たな生を生きていく。

このような形でたとえ〔公理：4〕だけの内容が異なったものになったとしても、私達が何を頼りとして生きていくかといった日常の意識のあり方は、そしてそれに付随するさまざまなものについての意味づけのあり方は、根本的に異なってしまわざるをえないのである。

たとえばアメリカにおいて、輪廻転生とか死後の生を説く本が非常に多く出版されているという。そして、そうしたテーマでのセミナーやワークショップが盛況をきわめているという。このことは、現代アメリカ人の間に、「現世のみの〈私〉」という従来の支配的〈公理〉を基盤とした生き方にもはや満足できない、という気持ちが高まっているからに他ならないからであろう。

日本人に広く見られる〈公理：5〉のような基本的平等性の発想についても、いろいろと異なった形を想定することは容易である。たとえば、これを一種の建前として口にしながらも、本音としてはそう考えていない人が少なからずいるかもしれない。具体的には、こうした考え方を一種の敗北主義あるいは非主体性の現れと考え、自分こそがすべてであり至尊であるという大前提で考えている人が、昔も今もいないわけではないのである。

釈迦の「天上天下唯我独尊」という宣言なども、そうした一面を持つであろうし、我が国の幕末の志士の間にも、こうした至尊の自己という発想がしばしば見られたという。たとえば国学者・平田篤胤の流れをくむ志士[*2]の著作『英将秘訣』では、「今世の活物にては唯我を以て最上とすべし。されば天皇を志すべし」と述べる。自分こそを世界で最高の存在と考え、天皇になることをめざそう、というのである。また、明治の自由民権運動家植木枝盛は、その著『無天雑録』において、「我を以て天と為す。夫れ吾は天地の紀元、万物の根本なり。天地、吾有って後に天地有り。万物、吾有って後に万物有り」と述べる。自分自身こそが天地の根本なのであって、天地があってはじめて自分があるのではなく、自分があってこその天地である、と高らかに宣言するのである。「人間なんて誰も彼もしょせんは同じようなものよ」と公言する現代のワケシリ顔の知識人の態度とは大違いであろう。

こうした「至尊の自己」といった発想の下では、〔公理：5〕は次のように変更されざるをえなくなる。

〔公理：5／別1〕 私は、他に何十億の人がいようと私にとってのすべてであり、至尊の価値を持つ。

もちろんこの〔公理：5〕は、王侯貴族や奴隷等々の社会的階級が厳然と区別されている社会においては、次に示すような全く別の形の公理にならざるをえない。

〔公理：5／別2〕 私は、この社会の上級（または下級）階級に属しているから、他の階級の人達にくらべ明らかに価値ある（または価値のない）存在である。

さらには〔公理：6〕の「努力による自己の向上」という基本観念についても、生涯教育や生涯発達が自明のこととされ、自助努力、自己実現への努力が強調される社会であるからこそ、さらには個人も社会も努力と経験の累積によって進歩していくという大前提が通用する社会であるからこそ、〈公理〉として成立するのであろう。「人間なんて少々努力したってそう変わるもんじゃない」といった考え方が基本となっている社会であれば、これは〈公理〉として存在しようがないのである。そして現に、人間の生まれつきの資質や能力に最も信頼を置く（したがって努力による向上の可能性をほとんど考えない）感覚や発想は、欧米の芸術家や学者、スポーツ選手に少なからず見られるところである。

これらの他にも、多重人格の問題、のろいやたたりの問題など、〈私〉意識に関する前述の〈公理〉群の一部変更を迫る問題は少なくない。また、禅宗において大事にされてきた「十牛図」にしても、「悟り」的な意識の深化発展によって、〈私〉意識に関する〈公理系〉がどのように変容していくかを、シンボリックな形で整理して示そうとしたもの、として理解することができるのではないだろうか。

一つひとつの〈公理〉について、それぞれ内容を少しずつ異にするさまざまな形のものを想定してみることが可能であるが、ここではこのくらいでとどめておくことにしよう。いずれにせよ、自分が、またそれぞれの人が、〈私〉に関して何を〈公理〉とし、どのような〈公理系〉の中で自己に関する意識や態度を形作っているのか明確化してみる努力が、時には必要とされるのではないだろうか。一人ひとりが持つ自己意識や自己概念も、その基底構造をなしているのはこうした〈公理系〉に他ならないのである。「〈私〉はそもそも何者なのか」といったアイデンティティも、通常はこうした〈公理系〉の上に構築されたものでしかないことは、あらためて言うまでもない。

それぞれの社会が、そしてそこに生きるそれぞれの個人が、その社会に固有の共同幻想とも言うべき〈公理系〉を持っている。こうした〈公理系〉のあり方によって、一人ひとりの日常的な意識や態度、行動のあり方が最も深い地点において枠づけられ、規定されているだけでなく、その社会での人と人とのかかわりのあり方も、その社会の総体的な役割構造のあり方も、そうした基本的で基底的な人間観を大前提としているのである。この点に着目するならば、新しい視点からの文化や社会の研究に着手することが可能になってくるのではないだろうか。

＊1　ヤスパース『精神病理学総論　第一巻』内村祐之他訳、岩波書店。原書刊行は一九四八年。

＊2　このあたりの詳細は、竹内整一『自己超越の思想――近代日本のニヒリズム』（ぺりかん社、一九八八年）を参照。竹内は『英将秘訣』の著者として、平田鉄胤（篤胤の養子）か三輪田元綱（文久年間に起きた足利三代木像梟首事件の首謀者の一人）であろうと推定する。

第3章　固有の世界としての〈私〉

確固とした基盤を持たない〈私〉は、また、生まれてから死ぬまで一人旅をしていかざるをえない存在でもある。意識としての〈私〉にこだわればこだわるほど、〈私〉は天涯孤独、一人ぼっちなのである。いくら家族があり仲間があろうと、〈私〉の見ているもの、聞いているもの、感じているもの、味わっているものを共有することはできない。日常的にはいくら手を組み、力を合わせ、談笑し、苦楽をともにしていようと、世界を共有することも人生を共有することも不可能である。誰もが、〈私〉だけに開示された世界を、〈私〉だけを頼りに、〈私〉の責任で生きていかなければならない。これこそまさに「浮き草のような一人旅」とでも言うべきであろうか。

しかしながら、こうした事態を必ずしも悲観的に考えることはない。たとえ浮き草であるにしても、〈公理系〉、社会的レッテル、宣言としてのアイデンティティ、自己の本源的なものとの接触、等々の形でそれなりの係留点があることを見てきた。つまり、一人旅にも一人旅なりの楽しみがあるのである。道中の景色にも恵まれ、茶店もあり、道連れもあるのである。目覚めた一人旅ならではの喜びと充実がそこにある、と言ってもいいのではないだろうか。もちろん、当人が自分が一人旅をしていることに気づきさえすれば、の話であるが。

1 〈私〉にとっての世界を生きる

当然のことであるが、〈私〉というものが単なるこだわりの意識にすぎないにしても、〈私〉は〈私〉自身にとって（意識内の疑いようのない現実として）厳然として存在していることは間違いない。世界において〈私〉が経験しているものが結局のところ「鳴鳴」であるにすぎないにしても、そうした（その場の諸要因諸条件の交互活動としての）経験は〈私〉（の意識）によって受けとめられ、〈私〉の中に蓄積され、〈私〉にとっての基本財産となっていく。

こうしたこだわりや思いや経験が〈私〉自身にとって成立する場こそ、われわれの内面世界に他ならないのである。いや、さまざまなこだわりや思いや経験によって構成されている〈私〉自身の世界、〈私〉自身にとっての現実そのもの、それを内面世界と呼ぶ、と言った方がいいのかもしれない。

いずれにせよわれわれは、〈私〉に与えられた固有の現実の中で生きていくしかない。その意味ではまさに「世界内存在」（ハイデッガー）なのである。そして、〈私〉なりに受けとめた経験の累積によって形成される実感や納得を、〈私〉にとっての真実としていくしかない。そして、そうした現実や真実を拠り所として、われわれは判断し、行動していくしかないのである。この意味において、われわれは、自分に対して与えられた自分だけの世界の中で生きていくのである。

一人ひとりが持つその人なりの世界は、他の人にはうかがい知ることのできない独自のものである。誰も他の人の目の奥や頭の中にあるものをのぞき込むことはできないし、自分自身の感じているまま、見ているままを他の人にそのままの形で感じさせたり見せたりすることもできない。せいぜい言葉を仲介として、それぞれの世界に映じている光景がどういう特徴を持っているか、不完全な形で輪郭だけを伝え合うことができるのみである。

他の人の内面世界の根本のところは理解不可能であるし、自分の内面世界の根本のところを他の人に本当に分かってもらうこともできないのだとしたら、結局のところは自分の内面世界には自分で対応するしかない。だから、自分の内面世界に深刻な問題が生じて解決不可能なものになったような時には大変である。まさに一人旅であることを思い知らされるのはこういう時ではないだろうか。

社会的地位があり、財産があり、立派な家族に恵まれた「幸せな」人であっても、絶望から自殺することがある。ときおり新聞やテレビで報道されるように、仕事にも家庭にも何の問題もないように見えたエリート・サラリーマンが、高いビルから身を投げる、といった事件が実際にあるのである。外的にはどのように恵まれた諸条件を持つように見えても、その人の世界の中でそれが何の意味も持たないようになれば、そうした好条件もその人にとってなんらの支えにもならない。最終的には、自分のことは自分でしか始末のつけようがないのである。

2　一人ひとりの内面世界の独自性

では、一人ひとりが持つ世界、一人ひとりが生きていかねばならない世界とは、いったいどのようなものとして理解したらよいのであろうか。これは具体的には、まずもってその人の意識の広がりと内容のことと言ってよいであろう。つまり、その人の心のスクリーンに何がどのように映っているかという世界であり、また同時に、そうした映像をもたらす心のスクリーン自体のあり方、そして時々刻々の映像をもたらす経験や記憶の倉庫からなる世界である。より具体的に言えば、その人が自分の目を通じて見、自分の耳を通じて聞き、自分の肌で感じ取り、自分の頭で意味づけたり判断したりしている世界であり、また、その土台となっているその人独自の心理的な基盤やストックである。われわれの誰もがこうした世界を内面にはらみながら、それぞれなりに行動し、また互いに会話しているのである。この観点からすれば、われわれが他の人に出会い、ともに語り、互いに笑ったり喧嘩したりしているというのも、そうした銘々持ちの内面世界の中で生じている一つの映像というだけのことなのかもしれないのである。

一人ひとりの内面世界に映っているものは、同じところで同じものを注視していたとしても、あるいは同じことを同じようにやっていたとしても、当然のことながら、決して同じではない。たとえばどこかの繁華街を、五人くらいで連れだって歩いてきたとしよう。そして、何が印象に残ったか一人ひとりに話してもらうことにするとしよう。そうすると各自が全く異なったことを口にするはずである。ある人は、街を行く人達のファッションについて、またある人は、人々の顔つきや表情といったことについて、またある人は、街のここかしこに増えてきたオシャレな飲食店の様子について、自分の目にとまったところを語るであろう。同じ街を連れだって歩いても、目に入ってくるもの、心を魅かれるものが全く異なるのである。

同様に、何人かで連れだって音楽会に出かけて、たとえばベートーベンの交響曲「田園」に耳を傾けたとしよう。そこでも、それぞれの心のスクリーンに去来するものは全く異なるはずである。同じ環境で、同じようなソファーに座って、同じ器楽的ハーモニーに身を任せていたとしても、それぞれの人の音楽的空間は全く異なったものになるのである。まさに同床異夢と言うべきではないだろうか。

だからこそ、誰かに何かを一生懸命説明しているような時、あるいは誰かと激しく議論しているような時、非常にもどかしい思いをすることがあるのである。これだけ言っているのに、なぜ分かってくれないのだろう。こんな当たり前のことを相手はなぜ受け入れようとしないのだろう。わざと分からない振りをしているのか。根が素直でないのか。それとも、こちらに悪意を持っているのか。こういった思いがだんだん強くなり、腹立たしく我慢ができなくなって、いっそ相手の頭の中に手でも突っ込んで、素直な考えになるよう整理してやりたい、といった衝動に駆られることにもなるのではないだろうか。

こうした思いや衝動は、無理からぬものである。しかし、これは本来、一種の「ないものねだり」でしかない。他人に自分の期待する通り、あるいは自分と同じように、感じさせたり考えさせたりするのは、しょせん無理なことである。他人の頭の中は、こちらの思うままには左右できないのである。だからこそ、説得の技術が古来人々の関心を集めたのであろうし、催眠や洗脳によって他人の考え方を完全に左右する、といった類の研究が熱心に行われてきたのであろう。

自分にとっての「当たり前」は、他人にとって必ずしも「当たり前」でない。自分にとっての現実は、他人にとってけっして現実でない。〈私〉の生きている世界と他の人の生きている世界とは、根本から異なっているのである。しかしながら、われわれは日常、こうした事実をころっと忘れてしまっている。そして、誰もが自分と同じように感じている、自分と同じように考えている、という前提で生活してしまっているのではないだろうか。

3　他の人の内面世界を理解するということ

他の人を本当に理解しようと思うなら、その人にとっての「当たり前」、つまりは、その人にとっての現実や真実を知らなくてはならない。そのためには、その人自身の内面世界のありようを、その人自身の内的な枠組みに則して洞察、了解するよう努めるしかないであろう。つまり、自分はその人の発言や行動についてこう思う、というのではなく、その人自身は自分の発言や行動をこういうつもりで（意味で）やっているのだ、ということを見てとるように努めなければならないのである。

たとえば、親や教師の方で好意なり善意なりから子どもに何か言ってやったりしてやったりしたことなのに、相手からは反発されたり、迷惑顔をされたりすることがある。こうしたすれ違いはよくあることであるが、多分これは子ども自身の内的な枠組みを見過ごしたために生じたことであろう。たとえその子どもに対して強い愛情を持っていたとしても、それだけで相手のことを理解できるわけではない。

その子どもに対する愛情が親や教師の側に思い込みを生み出し、その子ども自身の独自の世界を理解するうえでかえって邪魔になることもあるのである。

たとえ親切な気持ちにあふれていたとしても、それが一方的な押しつけになったのでは、それを受ける方で大変である。いくら愛情があったとしても、その愛情のために自分の思い込みだけで相手にかかわっていくのでは逆効果でしかない。相手の側の事情を無視したまま真心を尽くしたとしても、相手の方では大迷惑ということがよくあるのである。

それだけではない。虚心坦懐に誰か他の人の態度や行動を見ていったとしても、またその人についてのさまざまな事実を集めていったとしても、それだけではその人を理解するのは困難である。先にもふれたように、その人自身が自分のその態度や行動をどう意味づけているか、自分自身にかかわる事実をその人自身がどう思っているかが分からなくては、本当にその人を理解することはできないし、またその人に対して適切に対応することもできないのである。これこそまさに、相手の持つ内的枠組みに則して理解するということである。しかしこれもまた、実際にはなかなか容易なことではない。

たとえば、一人の男が急に立ち上がって、薄笑いを浮かべながら、こちらに近づいてきたとしよう。そういう場合、あなたならどうするであろうか。もしあなたが、その男は何か冗談半分に、ふざけて近づいてきたのだろうと思えば、笑顔を作って待ち受ければよい。しかし、その男は何かの間違いであなたに憎しみを持ち、殴りかかろうとして近づいてきたのかもしれないと思えば、注意深く、相手の顔から目をそらさないようにしながら、いつでもその場から走って逃げられるよう準備しなくてはならない。あるいは、その男は、はじめから因縁をつけて恐喝でもするつもりで近づいてきたのではないか、と思ったら、面倒なことにならないよう大急ぎでその場を逃れた方がいいであろう。このように、相手の外的な態度や行動それ自体より、それを支えている内的枠組みの方に見当をつけなくては、われわれはどう対応したらいいのか判断できないのであるが、その見当のつけ方がまた難しいのである。

繰り返すようであるが、一人の人を理解しようとする時、こちらからの一方的な思い込みで分かったつもりにならないためには、その人が内面にどのような思いを持ち、そこでどのような感情が渦巻いているのか、その人にとって何が現実であり、何が価値あるものであるのか、といったことの洞察が不可欠である。その人が生きている現実は、その人以外の人が見ている現実とは異なる面が多いかもしれないのである。もっと言えば、人間一人ひとりが自分持ちの現実を生きているのであり、その現実を映し出している場こそ、その人の内面世界に他ならないのである。したがって、その人にとっての現実がどのようなものであるかにこだわらなくては、その人を真に理解する方向には進んでいけないのである。

4　各自にとっての客観世界とは

このように考えてくると、簡単に、「現実には……」とか「客観的には……」などと語ることができなくなるのではないだろうか。誰もが、自分自身に対して現れている世界こそ、客観的な現実そのものと信じているのである。自分の見ているもの、聞いているもの、感じているものこそ、客観的に厳然として存在しているはずの世界に相違ない、と思い込んでいるのである。

しかし、本当のところは、「銘々持ちの現実」「銘々持ちの客観世界」が、そこにいる人の数だけ併存しているわけである。別の言い方をすれば、「本当の客観的な現実世界」がたとえ存在するにしても、われわれに与えられているのは、それぞれの心のスクリーンに映し出された、それぞれなりの主観的映像としての「客観的な現実世界」でしかないのである。つまり実際には、何処にも「客観的世界についての正しい認識」など存在する余地はないのである。

この点においてもわれわれは、日常的なものの見方考え方を一八〇度転換しなければならないであろう。われわれはどうしても、共有の世界、共有の現実の中で誰もが生活している、という大前提でものを考えてしまいがちである。そして、そうした共有の現実をわれわれ一人ひとりがどのように意識化し、それに対してどう反応するか、という視点からすべてを考えてしまいがちである。しかし、この習慣化された日常観念は逆転されなければならないのである。

共有の現実はあるかもしれないし、あるいは単なる幻想かもしれない。いずれにせよ、具体的に存在しているのは、一人ひとりが持っている現実であり、また一人ひとりの現実に対する一人ひとりなりの対応の仕方でしかない。たしかに、同じ生物的種に属するということで、同様の目や耳や頭の構造と機能を持つわけであるから、それぞれの持つ現実の中身は結果として類似してくるかもしれない。また、同じ時代の同じ文化の中で育っていくとすれば、共同幻想と呼ばれるほど強力な共通の視点や観念に幼児期からさらされ続けるわけであるから、各自にとっての現実が結果的にほぼ同一のイメージ内容を持つこともあるかもしれない。このため、人は誰しも同じような認識や感情を持つものだ、と言った方が適切に思える場合が、あるいはあるかもしれないが、やはりそれはそうでないのである。一人ひとりが一人きりで生まれ、毎日の生活を通じて自分だけの体験を積んでいくのである。類似した現実を持っているように見える場合であっても、その内実は一人ひとり微妙に異なってこざるをえないのである。これまで何度も述べたように、ここに着目するかどうかが、こうした一人ひとりの持つ現実の根本的相違を重いものとして受けとめるかどうかが、真の人間理解を進めていくうえでのポイントなのである。

5　外的で客観的な世界ということ

ところで、〈私〉自身にとっては、内面の世界も、外的な世界も、ともに確固とした意味を持つ世界である。誰か他の人に対面している場合には、たしかに相手の人の内面と外面を区別しなくてはならないにしても、〈私〉自身にとっては、自分の内面の事実は外的な事実と同様の確実さを持つと言ってよい。しかし、他の人とコミュニケートしようとする場合、直接的な形で話が通じ合うのは外的世界のことのみであるため、それのみを公共的な世界とみなし、その中で生起することがらのみに話を限ることをもって客観的で科学的なあり方とする態度が、知らず知らずのうちに形成されてしまっているのではないだろうか。これは、実は、〈私〉自身に対して不誠実な態度と言わねばならない。

本当に〈私〉自身に対して誠実であろうとするなら、内面の世界を含め、本来、〈私〉自身にとっての事実の総体を問題にすべきであろう。外的な世界のみを共有の客観世界であると考えることは、自他を超えた共有の世界に対して注がれている「一般者」の目、あるいは神仏の目、を常に想定することに他ならないようにも思われる。こうした想定がすぐに虚妄だとか幻想だとか言うつもりはないが、真の「一般者」であるならば、一人ひとりの内面にまで及ぶまなざしが、言い換えるならば一人ひとりの内面も外面も問わぬ（内面・外面の区別にかかわらぬ）透徹したまなざしが、本来想定されてしかるべきではないであろうか。

もう少し、このあたりの事情について考えてみることにしよう。今、私の前に古い机があるとする。そしてこれは、他の人が見ても古い机として認識されるであろう。このように、複数の主観によってほぼ同様な形で確認される世界が公共的な世界である。こうした公共的な世界のことをわれわれは、〈私〉にとっての外的な世界であるとするわけである。これに対して、今、私は腹部に痛みを感じているとする。この痛みを他の人に訴えることはできるが、その人はそれを一つの情報として受けとめることができるだけであって、その訴えの真偽も、その痛みの内実も、きちんとした形では確認することができない。あるいはまた、今、私の頭の中を可愛い女の子のことがよぎったとしよう。私はこのイメージなり思いなりを他の人に訴えることができるにしても、その人は、その具体的な内実を確認することができないのである。このように、痛みなどの感覚や、頭の中の思い、イメージなどは、〈私〉だけに開示された世界の中での出来事であり、これが私秘的な世界、〈私〉の内面だけにある世界ということになるのである。

くどいようであるが、内面世界は意識の世界、外的世界は客観的な世界、と単純に考えてはならない。どちらの世界もその人の意識によってとらえられた世界なのである。より正確には〈私〉の意識世界によってのみとらえられている世界が私秘的な世界であり、〈私〉の意識世界と他の人の意識世界との交錯の中で、相互に確認し合い支え合いつつとらえられている世界が外的世界である。この意味において、世界はすべて本来主観的なものであり、すべてがわれわれの内面世界に投影された映像なのである。

だからこそわれわれは、外的な世界についての認識であっても、認識の妥当性を求めてさまざまな現実検証の試みと自己内吟味とを重ねざるをえないのである。さらにまた、「お互いに納得し合える」論拠や論理という道具立てを準備することによって、各自の主観的世界の共通部分を確認し拡大すべく努力しているのも、このためである。このような努力をしなければ、われわれは自分自身の主観性の中に無自覚なまま閉じ込められてしまい、それを万人に共有されている客観的な世界であると錯覚してしまうことになるのである。

こういうことを考えるなら、さきほどの「現実には……」という表現は、本当は、「私が確信しているところによれば……」と言うべきだ、ということになるだろう。また「客観的には……」とか、「私の見るところによれば……」という表現は、より正しくは、「多くの人の見方を総合してみると……」とか、「誰もが自分なりに確認してみられることだと思うけれども……」といった形で言うべきではないだろうか。もちろん、哲学者がよく語るように「間主観的には……」とか「相互主観的には……」というような形で言ってもよいのであるが。

いずれにせよ一人ひとりが持つ独自の個性とか人格と言われるものは、最も根本的には、ここで言う内面世界のあり方のことである。個性や人格というと、どういう態度や行動を取りがちであるといったその人の外的な特徴が語られがちであるが、一人ひとりの外的な現れをもたらしているのは、その人の内面世界のあり方に他ならない。つまり、その人の内面世界こそ、その人なりの世界とのかかわり方、ひいては世界の中におけるその人独自の存在のあり方を、規定しているのである。

現象的な〈私〉として一人ひとりが個別に生まれ、〈私〉自身の体験・経験を積み重ねていき、それによって〈私〉に特有の感性やこだわりを形作っていくのである。そうした土台の上に形成されていく内面世界が一人ひとりに固有なものとなるのは当然至極のことであろう。このようにして、一人の人が生まれ育っていく中で一つの独自な世界が誕生し、広がり、深まっていくのである。そして、その人が死ぬ時、一つの独自な世界が決定的に消滅するのである。

一人ひとりの持つ固有の世界と言ってみても、結局のところは、川面に次々と浮かんでは消え、浮かんでは消えしている泡のようなものでしかないのかもしれない。しかし、たとえ泡のようなものであろうと、絶えず無数の独自な世界が生まれ、発展し、消滅していっている、という事実がある。こうした一人ひとりに固有の世界の生々滅々を、悠久の時間の流れの中で考えてみる時、われわれはあらためて生命の大きな流れの広大さに驚きと感慨を持たざるをえないのではないだろうか。

Ⅱ

人々とともに

第4章　社会的主体としての〈私〉

1　〈私〉が責任をとることは可能なのか

現象的存在としての〈私〉、「嗚嗚」としての〈私〉、でしかないとしたならば、この〈私〉は、〈私〉の行う決定や行為に対して責任をとることができるのであろうか。

たとえば、この問題が社会的な文脈の中で浮かび上がってきた場合、どのように考えたらいいのであろうか。つまり社会的に悪いとされていることを行ってしまったとか、自分の決定や行為によって他人に迷惑をかけてしまったとかいう場合、その責任の所在はどうなるのであろうか。そうした場合に、この〈私〉は、本当に社会的な責任をとることができるのであろうか。

こうした問いに対して、社会的には、「その通り、この〈私〉は責任をとることができるし、責任をとるべきなのだ」という答え方が可能である。もちろん、こうした答え方を、第2章で述べてきたところと矛盾するものとして、違和感を持って受けとめる人がいることは十分に予想されるところであるが。

少なくとも現代民主主義社会は、それぞれの個人が最終的な判断主体、行為主体であるという前提で運営されている。自分のしたことには自分で責任を負うべきだし、それが当然と言えるだけの判断能力を各人が持っているはずである、という大前提が置かれているわけである。こうした大前提自体、これまで述べてきたところから理解されるように、人間の本性にかかわる社会的な〈公理系〉である。したがって、そういう約束事の中で動いている社会においては、そういうフレームワークの中で「責任」を考えるべきであるし、本来それしかできないのである。

もちろん、現実には、こうした〈公理系〉を若干ながら柔軟に運用しようということが見られないわけではない。裁判の折に、被告が行った行為は罰せられるべき悪いことではあるが、その行為の時点で被告の判断能力が非常に弱くなっていたから、あるいは被告の置かれていた条件が劣悪なものであったために判断能力が十分に発揮できない状況にあったから、罰そのものを免除（あるいは軽く）してやるべきだ、という主張の仕方（情状酌量の訴えなど）がなされる場合があるが、これなどまさにそれである。ここでは、判断能力といったまさに主体性そのものが、実は無条件に常時各個人に備わっているものではないという暗黙の考え方（〈公理系〉に対する実質的な修正）が存在しているのである。この考え方は、人の行為がその人自身の意図なり判断なりだけによって実現するものでなく、「鳴鳴なり」という言葉を使わざるをえないように、諸条件の会合地点として、その時その場の暫定的なあり方として、そうした行為が出現せざるをえなかったのだ、という暗黙の認識に支えられたものと言うことができるのではないだろうか。

それでは倫理的な、あるいは宗教的な文脈において責任の問題が問われる場合はどうなのであろうか。

キリスト教をはじめ多くの伝統的宗教においては、死後における「救済」が大きなテーマとなっている。そこでは、死んだ後「救われ」て天国なり地獄なりに行くのはその個人であり、そういう形で「救われ」るかどうかを左右するのは、その個人の意図や判断や行為の善悪である。この場合においても、個人の意図や判断や行為は究極のところでその個人の責任に帰すものと考えられているのである。これもやはり一つの〈公理系〉なのであるが、これを否定したり相対化してしまうと、「その人の善行によって救われる」といった論理構造を持つ宗教は成り立たなくなるのである。

この点が、同じように宗教と呼ばれることがあるとしても、禅宗の場合などと大きく異なる点である。また親鸞の「他力」思想も、個人の意図や判断や行為に対してその個人の絶対的で独立した決定権を認めていないという点で、その個人に最終的な倫理的責任を負わせるものではない。キリスト教の場合においても、カルヴィン派などのように、「救済は個人の行為に依るのではなく神の恩寵に依る」とする発想もあるのである。こうした場合には、独立し自立した責任主体としての〈私〉という前提を排し、暗黙のうちに「嗚嗚」としての〈私〉、現象的存在としての〈私〉が大前提とされている、と言ってよいのではないだろうか。

2　アイデンティティということ

いずれにせよ、責任主体として一人ひとりの人間を考え、また自分自身を考えるということは、時間と場所を越えて一貫した存在としての〈私〉がある、という大前提を設けてはじめて可能になる。言い換えるならば、「この〈私〉は一貫して○○である」というイメージを自他ともに持ち、「ある時、ある場所での〈私〉の行為は、別の時、別の場所においても〈私〉のものとして〈私〉を拘束する」という共有の大前提をもって社会を組織し、また各人の活動を行っていくということである。

こうした大前提を支えているのは、先にもふれたように、何よりもまず、一人ひとりの持つ根源的とも言うべき経験様式である。つまり、アイデンティティと呼ばれる自己の一貫性についての経験様式が誰にも備わっており、またこれと同時に、その一貫した存在としての自己が自分自身の言動すべての源泉をなすといった主体性についての経験様式を誰もが持っているからこそである。だからこそ、責任主体としての〈私〉が厳に存在する、という大前提が、現代社会の〈公理系〉の中で基盤的な位置を占めることが可能となっているのである。

しかしそれだけではない。一貫性と主体性を持つ厳然とした存在としての一人ひとりをどのようなものとして規定し表現するか、ということが、さらなる問題として生じてこざるをえない。特に、われわれはムレとして生存し生活しているため、一人ひとりが責任主体であるという場合の〈責任〉の具体的な中身が、ムレの中の位置や役割の体系によって細かく定められているという面がある。あの人は、そして自分は、社会的にどのような位置を持ち、どのような役割を果たさなくてはならないのか、ということが、人の一貫性と主体性の具体的内容になってくる面があるのである。

だからこそ、「私はこの社会において、いったい何者なのか?」という問いが、日常的には基本的なこだわりとなるのである。「私は他ならぬ○○である」ということがはっきりしなくては、自分でも落ち着かないし、他の人との基本的な関係をどう作っていったらいいかとまどうことになる。それ以上に

「私が何者なのか」がはっきりしないままでは、自分がこの社会でどう生きていったらいいかが分からなくなる。「私はそもそも何者なのか?」という問いへの答え方はさまざまであるにせよ、誰もが自分自身のアイデンティティ(基本的自己規定)を必要としているのである。

しかしこのアイデンティティなる概念も、なかなか一筋縄ではいかない。エリクソンの理論では、青年期における発達課題として「アイデンティティの獲得」が強調される。そして、その課題達成がうまくいかない場合に現れる病理的な現象として、「アイデンティティの拡散(自己概念の中核となる〝私は〜である〟を見失っている状態)」、「アイデンティティの混乱・葛藤(それまでの自己イメージと自分の社会的役割の選択や生き方の決定が食い違っている状態)」、「ネガティブなアイデンティティ(〝自分は同性愛者だ〟とか〝自分はアルコール中毒者だ〟という場合のように社会の一般的な価値体系に反するものに自分を属させる自己概念)」などがあげられる。こうした例にも見られるように(エリクソンの理論においては当然彼独自のニュアンスがこめられているが)、アイデンティティという言葉は、自分自身を一貫して何者かであると(一定の概念で)規定する、なんらかのカテゴリーに属するものとみなす、という意味を色濃く持っている。その意味でアイデンティティという言葉は、正体とか身元、素姓をも示すのである。身分証明書のことをアイデンティティ・カードと呼ぶのは、この意味でのことに他ならない。

最近では、特に、自分自身を〈他ならぬ何者として〉考えるか、その根拠は何であるのか、といった意味に限定して用いられることも多い。私のアイデンティティは、何よりもまず「日本人」である、「男(女)」である、あるいは「○○大学出身者」である、「○○商事の社員」である、等々といった意識のあり方である。この場合のアイデンティティは、自分自身についての基本的本質的な自己規定であり、自己意識を基本的に枠づけるもの、と言ってよい。そしてそこには、自分という存在の意味づけとともに、その意味づけにもとづく価値づけなりプライドなりが込められている場合が多い。これと似た意味合いで、「日本文化のアイデンティティ」とか「○○会社のアイデンティティ」といったように、個人でなく集団や組織、民族や文化などについてもアイデンティティという概念が用いられることもある。いずれにせよ、こうした意味でのアイデンティティこそ、「一貫した存在としてのその人（集団）」を問うものであり、さらには、「その人（集団）をその人（集団）たらしめている本質的な特性・属性・根拠」といった形での意味づけと価値づけを問うものと言ってよいであろう。

3　ラベルないしレッテルとそれにまつわる物語

こうしたアイデンティティの基盤となっているのは、何よりもまず、その人の記憶である。これは、我が身に生じたことそのものの記録ではなく、生じたことが意味づけられ組織されたものである。われわれは小さい頃から自分の身に起こったことをいろいろと覚えているが、われわれの記憶はそれを自分自身を主人公とした一つの「物語」に仕上げているのである。これが「私とは誰なのか、何なのか」という意識を基盤的に支えているのである。そうした記憶内容の意味づけと一貫性を支えているのは、一つは、周囲の人間関係の継続性と、その人のそこでの取り扱われ方の一貫性であり、もう一つは、その人自身の習癖の継続性、一貫性である。

しかしアイデンティティは、単に「自分自身についての一貫した記憶」というだけではない。「自分はこうありたい」という欲求の現れでもある。だからこそ人は、自分自身についての「物語」を作ることになるのである。

ところで、アイデンティティの具体的内容として最もありふれたものは、自分自身になんらかのラベルないしレッテルを貼りつけることである。「私は男である」「私は大学教師である」といった具合である。しかし、なかなか一枚のラベルだけでは自分のことを規定できるものではない。「私は～であり、また～であり、そして～である」といった形で、何枚ものラベルを自分自身に貼りつけざるをえないのが通常であろう。

私達の自己のイメージは、実際には非常に雑多な要素を含んでいる。たとえば「私って何なのだろう?」と五分間ほど考えて、頭に浮かんだことを片っ端から書き出してみるといい。「〇野〇夫だ」とか「〇井〇子だ」という自分の名前も頭に浮かんでくるだろうし、「〇〇会社の社員だ」とか「小学校の教師だ」といった自分の所属や職業も頭に浮かんでくるだろう。また、「男だ」「女だ」とか、「もてる方だ」あるいは「全然異性には御縁がない」とか、「家に帰れば二児の父親だ」あるいは「親は自分を子どもとしてしか見ていない」とか、さまざまなことが浮かんでくるはずである。自分自身についてのイメージは、たしかに深いところでは〈公理系〉としての〈私〉意識を基盤としているが、日常的には、自分自身の属する社会で人々から与えられている位置づけや役割や期待やイメージ等々を反映して、非常に詳細な内容を持つものとなっているのである。

私達はヒトとして、高度に組織化されたムレ社会を構成し、その一員として集団的な生活をするという生存様式を持っている。したがってそれぞれの個人は、その属する集団や社会の中でどう認識され、どう扱われるべきなのか、どう位置づけられ、どういう役割を果たしていくのが適当なのか、といった点について、互いに〈ラベル〉を貼り合って識別し合っている。これと同時に、自分自身に対してもそうした〈ラベル〉を貼りつけてそれにふさわしく行動するよう努めなければならない。一定の〈ラベル〉によって、自分の目にも他の人達の目にも、自分自身の社会的な（あるいは対人関係における）意味づけが明確になるようにしていかなくてはならないのである。こうした事情があるために、細かな点にまで及ぶ〈私〉意識の具体的内容が、自分自身に貼りつけられた多様な〈ラベル〉として形作られていくことになるわけである。

そうした〈私〉意識の具体的な内容（ラベル）としては、先にも少し例をあげてみたように、次のようなものが含まれるであろう。

A　個体識別にかかわる〈ラベル〉

(1)　名前

(2)　性別（男・女）

(3)　年齢（出生からの年数）

(4)　性格や行動特性、など

B　社会的な位置づけ・役割にかかわる〈ラベル〉

(1)　家族内での位置（父・母・息子・娘・兄・妹など）

(2) 地域社会での役割（町内会・婦人会・青年団のメンバー・役など）
(3) 趣味やボランティア活動などにかかわる位置・役割
(4) 職業と所属組織・職階
(5) 政治組織、宗教団体等々といった社会的集団とのかかわり

ごく簡単にあげてみるだけでも、非常に広範にわたる多様な点について、それぞれの人が自分に対して数多くの〈ラベル〉を貼りつけていることが分かる。たとえば、ある四五歳の男性・〇野〇夫は、明るく積極的な性格であって、健康状態も良好、家庭ではまあまあの夫、二人の子どもには甘い父親であり、地域の子ども会の指導者をしており、一流会社〇〇商事の子会社〇〇運輸で〇〇課長を務めている、といった具合である。もちろん〈ラベル〉の種類や数は、それぞれの社会によって、さらには地域によって異なっている。その社会や地域における社会的な位置や役割のネットワークのあり方が、さらには対人関係の持ち方の濃密さや多様さが異なっているからである。これはまた、個人によっても異なってくる。会社人間と言われる人のように、家庭と会社との往復だけが生活になっている人の場合は、家庭と会社での位置や役割しか〈ラベル〉として存在しないことになる。これに対して活動範囲の広い人の場合は、職場と家庭の他にもさまざまな場における位置や役割を引き受けており、普段からつき合いを保っている対人関係も広範囲にわたるであろうから、それだけ自分に貼りつけるべき〈ラベル〉の数が多くなるわけである。

ここであげた〈ラベル〉の貼りつけとしての自己概念は、社会の構成と機能にかかわる基本構造を反映

したものであり、先に自分自身に関する〈公理系〉としての基本的自己概念について想定したところとくらべるなら表層的な位置を占めるものと言ってよい。したがって、現代の高度に発達した工業社会においては、特にその都市生活のあり方に関する面においては、ヨーロッパであろうと、インドであろうと、日本であろうと、そう大きな違いはないとするならば、ヨーロッパのサラリーマンであろうと、インドのサラリーマンであろうと、日本のサラリーマンであろうと、少なくともこうした〈ラベル〉の貼りつけに関しては、そう大きな違いが生じることはないであろう。しかしながら、自分自身に関する基本的な〈公理系〉は、同じサラリーマンと言っても(〈ラベル〉群の貼りつけには大きな違いがなくても)、それぞれの社会によって大きく食い違っているかもしれないのである。

4　ラベルの軽重と基本的アイデンティティ

ところで、自分自身に対して何枚ものラベルを貼りつけるとしても、ラベルの間に軽重の差が出てこざるをえない。同じ何枚かのラベルを自分に貼りつけていても、その中でたとえば「自分は〇〇社の社員である」というラベルが自分自身にとってかけがえのない重みを持つことがあるかもしれない。そうすれば、何をさておいても「我が社」のことに関心を持ち、会社の同僚とのつき合いを重視することになるであろう。しかし「私はコンピューター技術者である」ということが自分にとってかけがえのない重みを持つラベルであるならば、何をさておいてもコンピューター技術の世界に関心を持ち、会社の別を越えて関連の技術者同士のつき合いを大事にしようとするであろう。前者の場合、〇〇社への所属がその人のアイデンティティを形作っているのであり、後者の場合には、自分の資格や能力、仕事の領域がアイデンティティとなっているわけである。そうした形で自分に貼りつける何枚ものラベルの中に、中核的な位置を占めるもの、それを支える基礎的なもの、そして周辺的な意味しか持たないもの、といった階層関係（ヒエラルキー）がおのずからできているのである。

出自や係累も、こうした意味での中核的ラベル（アイデンティティ）として機能することが少なくない。アメリカ映画『ルーツ』は、主人公が、自分の祖先はアフリカのどこでどういう生活を送っていたのか、ということにこだわって調べていく、というテーマである。こうした姿など、出自がアイデンティティとなる典型例であろう。つまり、「私は何よりもまず、～という祖先を持つ人間である」という形のアイデンティティの持ち方なのである。

このようにアイデンティティは、ふつう、何枚かのラベルを自分自身に貼りつけることですむことではない。自分に貼りついているラベルの中でどれが一番大切なのか、という中核的なラベルを核として、自分自身に関する「物語」の作成・確認へと発展していくのである。たとえば、「他ならぬ〇〇である」自分は、そのために「〇〇」でなくてはならず、そのことはこの社会においてこのような扱いを受けがちであり、またそうした条件の中で頑張っていくことによって「〇〇」という可能性も開けていくのだ、といった「物語」である。

いずれにせよ、自分自身に関する〈公理系〉にしても、自分自身に関する〈ラベル〉の貼りつけにしても、現実にわれわれ一人ひとりの意識や行動の準拠枠（フレーム・オブ・リファレンス）として、確固とした基盤となっているものである。たとえ〈私〉が現象的な存在でしかないにしても、こうした心理的基盤があるからこそ、はっきりとした方向性と自信とを持って毎日を生きていくことができるのではないだろうか。現象としての〈私〉は、あるいは浮き草のような存在であるかもしれない。しかしたとえわれわれが浮き草でしかないにしても、それなりの足場は日常的に準備されているのである。

5　位置づけのアイデンティティと宣言としてのアイデンティティ

こうしたアイデンティティは、基本的には、第2章であげた自己意識に関する〔公理：3〕「私は、生まれてから死ぬまで一貫して自分自身である」に立脚したものであり、「一貫したものとしての自分自身」について、その本質的な特性なり根拠なりを問うものに他ならない。

こうしたアイデンティティの基本的あり方として、「位置づけの（受け身の）アイデンティティ」と「宣言としての（能動的な）アイデンティティ」が、対比的に語られることがある。「おまえは○○だ」「あなたは○○なんですよ」といった他者からの「まなざし」を受けとめ、「なるほど私は○○なんだ」と自覚し、「そういうことなら私はもっと○○の点で頑張らなくては……」というふうに考えていくのが「位置づけのアイデンティティ」である。これに対して、「いろいろな見方はあるだろう、だけども私自身としては……」「他の人達は私のことをこう言っているけれど、私自身としては……」といった形で他者の見方から相対的に独立した自分自身の見方を確立し、そういう自分自身の視点から自己のあり方をとらえ、「周囲からの見方にはかかわりなく、私が本当に○○であることを周囲が認めてくれるように努力しなくては……」というふうに考えていくのが「宣言としてのアイデンティティ」である。

このように、「位置づけのアイデンティティ」は自分に対して貼りつけられた社会的ラベルに関する周囲の期待などによって形成された受動的なもの、「宣言としてのアイデンティティ」は自分に対する自分自身の欲求や願望、意志などの現れとしての能動的なもの、として考えてよい。たとえば、子どもを二人持った女性がいて、勤めている会社では一つのプロジェクトのリーダーとして何人かの部下を率いて仕事をしているとしよう。そういう場合に日本の社会では、「位置づけのアイデンティティ」としては「母親」であるということの方を重視しがちではないだろうか。だから、勤めも大切だけれど、子どものことはどうしているのだろう、という発想でその人のことを見がちである。当人も、そうした周囲の目を常に感じ取っているであろうから、自分のことをまず「母親」として考え、子どものことを何よりもまず優先させて、そのうえで「プロジェクト・リーダー」として会社での仕事のことを考えるということになりがちである。そういう場合には、「位置づけのアイデンティティ」と「宣言としてのアイデンティティ」が基本的に一致するわけであるから問題はない。問題となるのは、当人が自分を何よりもまず「プロジェクト・リーダー」として考えたい、とする場合である。その場合には、子どものことはホームヘルパーに頼んだりしてでも、会社の仕事の方を優先させる、ということが起こってくるであろう。そうすると、近所の人や親戚の人から見ると、あの人は自分のなすべきことをきちんとやっていない、ということになりかねない。しかし当人からすれば、自分は自分のやるべきことをきちんとやっているのであり、近所の人や親戚の人はそれを理解しようとしてくれない、ということになる。現代のように一人の人が複数の重要な社会的役割を背負うということが普通になり、しかも社会的価値観が多様化しているという場合、さらには自分のことは自分の気が済むように自分で決めていきたいという気風が強くなっている（このこと自体は歓迎すべきことであるが）場合には、こうした形での食い違いがどうしても生じざるをえないのである。

このように、アイデンティティを当人にとって受動的な性格のものと能動的な性格のものに分けて考えることには有効性があるであろう。ただし、それぞれのアイデンティティによって、社会的ラベルづけとのかかわり方は異なってくる。「位置づけのアイデンティティ」の場合には、社会的ラベルづけがそのままの形でその人のアイデンティティとなってくるだろうし、「宣言としてのアイデンティティ」の場合には、社会的なラベルが自分自身の本当にやりたいこととの関係で自分なりに吟味検討していくべき条件として現れてくる、ということになるはずである。この意味で「宣言としてのアイデンティティ」の場合の方が、自分自身のあり方を規定しているものとしての社会的ラベルを意識化しやすいということがあるかもしれない。

いずれにせよ、日本の社会では、従来から「位置づけのアイデンティティ」が強調されがちであった。「分に応じて」「自分の立場を自覚して」という表現は、このことを明白に示すものである。しかし、どのように見られるかばかりに気を使っていては、本来の自分を発揮することも困難となる。個人としても集団としても、そろそろ自分自身の目で自分の現状を吟味し、自信を持つべき点は自信を持ち、大事にすべき点は大事にし、「自分はこのようなものである」「自分はこのようなものでありたい」ということを積極的に打ち出していくべき時期ではないか、という主張もある。「宣言としてのアイデンティティ」への転換が、今こそ強く求められている、ということなのである。

あらためて言うまでもないが、「宣言としてのアイデンティティ」とは、周囲の目など気にすることなく、自分自身の言いたいこと、やりたいことを、傍若無人に打ち出すことではない。自分自身の本源に根ざす何か、自分自身の固有の状況から要請される何か、を明確にし、大事にし、発展させていくことだとしても、それを周囲との絶えざる対話の中で、周囲に分かってもらえる形を追求しつつ、やっていかなくてはならないのである。

自分自身の目で自分自身のあり方を考えることができない自己喪失的な他者志向が根強い中で、自分自身に独自な何かを、しかも他の人達にも理解してもらえるような形で打ち出していくことには大きな困難もある。しかし、真の主体性を確立するという課題を追求していこうとするならば、この意味でのアイデンティティの確立は不可欠であろう。

ただ、「宣言としてのアイデンティティ」は、独善性やナルシシズムと裏腹である場合のあることにも十分な注意が必要であるが……。

6　他者の「まなざし」とアイデンティティ

ところで他者の「まなざし」は、基本的には、その社会の持つ役割や集団カテゴリーの構造を反映したものである。たとえば、子どもを持ったある女性を他人が見る場合、純粋に一人の個人として彼女を見るということはきわめてまれである。暗黙のうちに一人の母として、また主婦として、あるいは特定の職業人（たとえば教師）として見ているのである。この場合、母、主婦、教師などという社会的役割のそれぞれに関して社会の大多数の人に共有される一般的期待が存在するのであり、それがその女性を見て判断する場合の基本的枠組みとなっている。つまり、この女性は、母親としてどうなのか、主婦としては、教師としては、……といった絶え間のない吟味の目にさらされざるをえないのである。

ここで、周囲の人々がその女性の持つ諸役割のどれに重点を置いて見ているか、またその女性自身はどの役割を自らの存在意義をかけるほどのものとしているか、が重要な問題となる。これは、先に述べた意味での「位置づけのアイデンティティ」と「宣言としてのアイデンティティ」の関係についての問題である。

多くの場合、他者からの位置づけと自らの宣言とは一致するのであるが、両者が食い違うこともまた少なくはない。たとえば、多くの他者はその女性を何よりもまず母親として主婦として位置づけるのに対し、その女性自身は自らを何よりもまず教師として宣言する、といった場合である。このような時、彼女は、他人が持つイメージや判断のうち、自らの宣言にふさわしくないものは軽視あるいは無視し、自らの宣言にふさわしいもののみを重視しようと努めるであろう。このように、われわれの周囲にいる他者からどのように見られ判断されているかということの総体が、必ずしもそのままの形でわれわれの自己意識を作り上げているのではなく、われわれの側からの主体的な選択作用が多かれ少なかれそこに働いていること、しかも、その選択の中核的な基準となるのは、われわれの自己宣言としてのアイデンティティであること、といった側面をけっして見落としてはならないのである。

もう一つ、他者の「まなざし」とアイデンティティのあり方、といった問題を考える場合に重要なことは、「まなざし」を向けている他者は私にとってどのような存在であるのか、ということである。私についてあるイメージを持ち、ある判断を下しているあの人は、私にとっていったいどういう意味を持つ人なのか、である。私にとって単なる行きずりの人であるなら、その人にどのように見られようと、それほど気にはならない。「旅の恥はかき捨て」という言葉があるように、自分とあまりかかわりのない人々のまなざしは、ほとんど気にしないのが普通である。これにひきかえ、親、教師、上司など尊敬している人や世話にならざるをえない人の持つまなざしは、非常に気になる。また、そのような人がわれわれに対していだくイメージや判断は、われわれの自己意識に対して大きな影響力を持たざるをえない。社会学や社会心理学では、そのような人のことを「重要な他者（significant other）」と呼ぶこともある。

さらに進んで、人は成長するにつれて、それまでの長い年月における多様な他者との接触、特に重要な他者達との接触の経験の蓄積によって、「世間のまなざし」とでも言いうるもの、すなわち一般的な他者達のまなざしを、自らのうちに内面化して持つようになる。これはもちろん、直接的な意味での他者のまなざしではない。しかし人は、何かをしようとする場合、こんなことをすれば世間の人達はどのように思い、どのように判断するであろうか、と考えて自らの行動を規制したり、あることをやってしまった場合、世間の人達はきっとこのように見るに違いないと考えて自ら恥じ入ったりするようになるのである。このような場合、直接的な接触における他者のまなざしと全く同様の働きを、その人の内面に取り入れられた一般的他者のまなざし、つまり、その人自身によって想定された他者達のまなざしが行っていると言ってよい。このことは、人が成長していくに従い、その人の自己意識のあり方も直接的な意味での鏡映性を脱し、周囲の他者のまなざしに必ずしも大きくは左右されない自律性を獲得していく、という事実の重要な一面をなすものである。

7　他者の「まなざし」との矛盾葛藤をどうするか

ところで、周囲からの「まなざし」によって、いつでも必ず自らに対する「まなざし」が決められてしまう、というわけではない。当然のことながら、時には、周囲の人からの「まなざし」と自己概念との間に乖離や矛盾を感じざるをえない場合がある。「自己宣言」としての強いアイデンティティを持ち、周囲からの「位置づけ」としての社会的アイデンティティに対抗しようとする場合がそうであろう。もっと日常的には、身におぼえのない情報が広まったり、自分自身では重きを置かない何かが生じたりして周囲の「まなざし」が自己概念にそぐわない形で一変するといった場合もそうである。さらには周囲の「まなざし」は変わらないのに、自らについての何かを自分自身で位置づけし直す、といった形で自己概念の変化が生じた場合などもそうである。

このような時、人は一般に、次の四つのタイプのいずれかによって、周囲からの「まなざし」と自己概念との乖離や矛盾に解決を与えようとするであろう。

(1)　自己概念に合うような形で周囲の「まなざし」を変化させるべく、周囲への働きかけをする。たとえば、「分かってください、私はそんな人間じゃないのです。私は本当は、○○なのです」といった類の反応である。

(2)　主我の全体的なあり方を変化させ（自己改革を行い）、周囲の「まなざし」に調和するものにする。

たとえば、「まわりの人があのように考えているのも一理あるかもしれない。その線にそって努力してみよう、そうすれば、周囲の人が考えている面が自分にも見えてくるかもしれない」といった類の反応である。

(3) 自己概念を周囲の「まなざし」に同調するような形で、自らの意識の中で自閉的に変化させる。たとえば「よくよく考えてみれば、本当の私というのは、周囲の人の考えている通り、○○なのであろう」といった類の反応である。

(4) 自己概念と周囲の「まなざし」との間の心理的関係を絶ち切ることによって、両者の乖離や矛盾を意識しないですむようにする。たとえば、「まわりの人の見方はそれとして仕方がない。しかし自分は自分である。誤解や食い違いはよくあることだから気にしないでおこう」といった類の反応である。

ところで、人は、自らに対してなんらかの意味づけと価値づけを与えないでは生きていくことができない、そして、このような意味づけ、価値づけは、自分に対して注がれる「まなざし」にその基盤を持つことが多いのである。したがって、自己概念と「まなざし」の矛盾の解決にも、そうした事情が反映されざるをえない。さらには、人は誰しも自らを意味づけ価値づけてくれる「まなざし」を持つ他者を、常に積極的に求めている、と言ってよいし、またそうでない「まなざし」の人を回避しようとするのである。

したがって、人は自分を軽視したり無視したりする人に好意を持つことはない。また、現実の社会的状況において自らを意味づけ価値づける「まなざし」に出会いがたい人は、自らの私的な世界にできるだけ引きこもり、家族や恋人、友人達の好意的で温かい「まなざし」に囲まれていることを望むのである。さらに、宗教心の強い人などの場合には、自己の内面に想定した神仏の「まなざし」によって、自らの意味づけ、価値づけをはかろうとする場合もあるのである。

8 〈私〉が問題にならないほどの充実感

ところで、自分はいったい何者なのかとか、他者が自分をどう見ているかとかいったことが全く問題にならない時もある。もちろん、眠っていたり、気絶していたりしている時のことではない。気持ちに充実感があって、「自分は」とか「自分が」とかが問題にならない状態の時である。そうした時には、どこか本来の自分に落ち着いた感じがあって、自然な形での自信があり、内奥に力がこもっている感じがある。

好意を持っている異性とやっといっしょにいられる時間を持てた時もそうであろう。他愛のないことを話し合っているだけで、音楽をいっしょに聞いているだけで、食事をいっしょにしているだけで、深いところからの充実感がある。また、自分の子どもや孫など小さな子どもといっしょの時もそうである。後で深い疲れを覚えることがあるにせよ、いっしょに遊んだり食事をしたりするだけで深い満足感があるのではないだろうか。

それだけではない。興味深い本に引き込まれ、時の経つのを忘れて読書している時、音楽会でオーケストラの多彩多重の調べに、何もかも忘れて聞き入っている時なども、自分の身内に充実感が満ちあふれている感じがあるのではないだろうか。そういう時、知らず知らずのうちに涙が流れていることもある。

一本の美しいバラの花の前にしゃがみこんで見入っている時、好きな画家の絵の前に立ってじっくりその絵を鑑賞している時、骨董品店で気に入った茶碗や壺を手に入れた時、自分の応援しているサッカーチームや野球チームが逆転で勝った時などにも、そうした満足感があるのではないだろうか。

さらに言えば、カトリックの大聖堂で盛大なミサに与っている時、仏教寺院で多くの僧侶が参加した盛大な法要に与っている時など、大規模な宗教的行事に参加している時にも、気持ちが高揚して没我的になるとともに、深い充実感を覚えるであろう。

自分の身内にこうした意味感があふれている状態の反対が、アパシーであり、自己不全感であり、自己不充足感である。現実との生き生きした接触感を失い、どこか不安で、充実感がない状態である。具体的には、暗い冴えない顔をして「何か面白いことないだろうか?」「胸のときめくようなことが何かないだろうか?」と、会う人ごとに聞きたくなるような状態であると言ってもいい。もっとひどい場合には、人に会うのもいやになって自分の部屋に閉じこもり、生気のない顔で一日中寝たり起きたりしている、といった状態になることもある。ごく簡潔に、「三無主義(無感動・無関心・無気力)」と言われた状態こそこれである。〈私〉の意識が、「私は〇〇である」というアイデンティティが、べっとりと灰色の泥の中に漬け込まれた状態と言ってもいいであろう。

問題は、何にも感動できず、何にも関心が持てず、全く気力が出てこない、といった状態に落ち込まないためにはどうしたらいいのか、ということである。言い換えるならば、深い満足感を持ち、自信と気力と生命力にあふれた状態をどう実現するか、である。至高体験（peak experience）をめぐるさまざまな論議も、結局はこのあたりに関連した問題に他ならないのではないだろうか。

いずれにせよ、社会的な主体としての〈私〉も、最終的には非社会的で個人的な心理的基盤に深く根を下ろさなくては、充実感も安定感も得られないのである。

第5章 〈我の世界〉と〈我々の世界〉と

1 「私の世界」と「他の人達の世界」

たしかに私達は誰も一人旅である。〈私〉のみに開示された「私の世界」（一人称の世界）を〈私〉だけで生きていくしかない。〈私〉にとっては「私の世界」しか存在しないのだから、それはそれで仕方ないことである。しかし同時に、私達は、他の人達もそれぞれ一人旅であることを理解しなくてはならないであろう。

それぞれの人がその人にとっての「私の世界」を生きていくしかない。私達が毎日出会っている人、毎日仕事や食事をともにしている人が、実際には、「私の世界」とは光景の異なった別の世界を生きているのである。自分とその人は、違うことに注目し、違うことにこだわり、違うことに一喜一憂しているのである。

そういう中で、相手の生きている世界を互いにどう理解し合うか、という果てしのない努力が、双方の側から始まらざるをえなくなることもある。特に、夫婦、親子、師弟、友人といった関係の中で、自分達の出会いを御縁と感じ、必然的なものと感じざるをえないような場合、どうしても相手の生きている「あなたの世界」（二人称の世界）、相手にとっての現実や真実をどうしても理解しなくてはならない、という気持ちになることがあるのではないだろうか。

しかしそれはいわば例外的なことなのかもしれない。普通はそうではない。私達は、自分が自分に固有の世界を生きていることに気づかないで、皆に共有の客観的な世界の中で誰もが生きているものと深く信じ込んでいる。そして、家族の誰彼も、あるいは友人・同僚の誰彼も、自分と同じ世界の中で、自分と同じ現実を大前提として生きている、ということをついぞ疑うことがない。だから他の人が思いがけない発言や行動をしたりすると「信頼を裏切られた」とか「どこかおかしいんじゃないのか」とか腹を立ててしまうことにもなる。しかしそもそものところから、他の人と自分とでは、発言や行動の大前提が異なっていると考えるべきなのである。「皆の世界」（三人称の世界）という幻想によって生じるすれ違いの悲喜劇は、個人と個人の関係から国と国の関係にまで、広範囲に、そして一般的に見られるところであろう。

しかしながら、「私の世界」は「私の世界」でしかない。自分に身近な誰彼が大前提としている現実、つまり「あの人の世界」は、結局のところ「あの人の世界」でしかない。そして、皆が大前提とする「客観的な現実」とは、その社会に共有の幻想ないし支配的イデオロギーに深く色づけられているという意味での共通性はあるにせよ、基本的には個々の人の持つイメージないし思い込みとして存在するのみである。

とはいえ、そもそもこれら三種の世界の基本的な違いに、われわれはどこまで気づいているのであろうか。さらに言えば、自分の大前提としている現実は、本当に私だけのもの、私に固有なもの、として認識されているのであろうか。基本的には誰彼にとっての現実でしかないものを、あるいは皆にとっての共有の「客観的な現実」と想定したものを、あたかも自分にとっても大前提となる現実として無意識的に受け入れてしまっている、ということはないであろうか。さらには、「私の世界」と「誰彼の世界」との違いに気づいている場合であっても、「皆の世界」こそ、そうした複合的な諸世界の最も根底にあって客観的な土台となるものである、という思い込みが多くの人にあるのではないだろうか。

多くの人は「皆の世界」を土台とし、基本枠組みとした上に、「私の世界」も、自分にとって重要な「誰彼の世界」も成立している、というふうに考えがちである。しかし実際には、「皆の世界」も「誰彼の世界」も、すべてそれぞれの人の「私の世界」の中に映し出された影でしかない。その意味では、最も基底にあるものこそ、言うまでもなく「私の世界」であるはずなのである。

繰り返すようであるが、誰もが結局は「私の世界」を一人旅していくしかない。誕生から死ぬまで、われわれには「私の世界」しか与えられていない。人間は誰も、他ならぬ自分自身に開示された自分だけの世界を生きていく他はない、という基本視点（出発点であり帰着点）の重さを、決して軽視したり見落としたりしてはならないであろう。すべては〈私〉に対して開示された限りにおいて、〈私〉にとっての世界となり現実となり真実となるのであり、〈私〉にとってはそれ以外に世界も現実も真実も存在しようがないのである。このことを忘れてしまうと、こうした多様な世界の存在を強調することは、「自分自身の見方にこだわらず、他の人のいろいろな見方にも心を開いて」といったレベルの道徳訓話に堕してしまうのではないだろうか。

2 「私の世界」「あの人の世界」「皆の世界」のいずれを重視して生きるか

さて、結局は自分自身に対して開示されている「私の世界」を生きていかざるをえないにしても、「あの人の世界」「皆の世界」を「私の世界」の中にどのように位置づけていけばいいのであろうか。模式的には、そこに三段階のあり方を考えてみることができるであろう。

第一段階は、「私の世界」は「あの人の世界」「皆の世界」と基本的に同一なものであると暗黙のうちに信じ込んでいる状態である。つまり、自分がこうだと思っている「世界」はあの人も同じように見ているはずだし、世間一般誰もがそういうふうに見ているはずだと素朴に思い込んでいるのである。「私の世界」と基本的に異なった「あの人の世界」「皆の世界」を想定できない状態であり、暗黙のうちに誰もが自分と同じようにこの世界を見、同じように感じていると思っている状態である。幼少の頃は誰もがそうであったのであり、結局は誰もがそうした未分化な状態（ピアジェなどの言い方を借りるなら自己中心的状態）から出発せざるをえないのである。

しかしそのうちに、この多様な世界の存在と相互の食い違いをうすうす感じるようになる。無限定に拡張された「私の世界」のどこかに亀裂や違和感を感じ、そのままにしておくわけにいかなくなるような場合がそのきっかけとなるのではないだろうか。他の人の反応や話すことが自分の期待していたことと違っていたりした場合、それをきっかけに、どうも自分が見ているものとあの人が見ているものとはちょっと違うところがあるみたいだ、自分が見ているところは世間一般が思い込んでいるところとどうもどこかが違うぞ、といった落ち着かない気持ちが生じてくるのである。こうした時折の亀裂の感覚や違和感から第二段階に進んでいくことになる。

ここで、大別して次の三つの方向が出てくることになるであろう。

(1) 亀裂や違和感を感じたとしても、自分自身の世界の見方をあくまで押し通していこうとするか（「私の世界への呑み込み」）

(2) 自分の世界の独自性はひとまず置いておき、信頼できる「誰彼の世界」に自分を合わせ、そこに入り込んだ形でやっていこうとするか（「あの人の世界への没入」）

(3) 結局は世間がどう見ているかなんだ、世間はこれでいいとするだろうか、と「皆の世界」だけで生きていこうとするか（「皆の世界への合流」）

である。

あくまでも「私の世界」のみが存在するという前提にしがみつこうとする場合、他の人（達）の主張や行動が自分の期待するところと食い違ったとしても、基本的には私が見るところが絶対だ、他の人（達）が見ているのは不完全なもの、あるいは幻影なり虚像なりでしかない、といった感覚になる。自分のと違う異質な世界の存在を時に感じる場合があったとしても、多くの人はこういう感覚で処理してしまうのではないだろうか。これは独善的あるいは自己中心的な態度と言えるかもしれないが、実際にはこういう形で「私の世界」を押し出していくという態度が一般的であり、その意味で最も素朴かつ自然な世界観と言ってよい。これがここで「私の世界への呑み込み」と呼んだあり方である。

自分がそう見ている、そう考えているところはきわめて自然で当然のところだと、誰もが大前提にしてしまいがちだからである。またこういう前提があるからこそ、他の人や世間一般の人が見ているところは間違い、あるいは不十分であって、他の人あるいは世間の人が目覚めさえすれば、みんな自分のように見るようになるはずだ、自分のように考えるようになるはずだ、といった暗黙の不遜な想定を持ってしまうことにもなるのである。

これに対して、誰かの話や行動が自分の思いもせぬものだった場合、自分で考えるのを中止し、その人の考えを自分の考えとして受け入れてしまう、という生き方がある。こうした形で、自分にとって大事な「あの人」の世界を中心に考え、行動しようとする生き方も、特に我が国においてはけっして珍しいものではない。たとえば、各種の師弟関係にこの典型例が見られるであろう。ある種の新興宗教に集まる人の中にも、こうした態度の強烈なものが見られることがある。あの生き神様、あの絶対的指導者のおっしゃることこそ真理なのであって、この人の物の見方、考え方はそのまま私のものであり、また他の人々も本来こういう見方、考え方をすべきであるという姿勢である。そういう没我献身的な世界に入ると、それなりに確固とした信念を与えられることになるせいか、目が輝き、生き生きとした表情を持てるようにもなるであろう。これがここで「あの人の世界への没入」と呼んだ生き方である。

「あの人」が見ている世界こそが絶対であって、自分自身はどういう世界を見ているのかなどということは考えることがない。もちろん世間一般が共有している「皆の世界」のことも考えようがない。「あの人」の見るように見られないとしたら、私の側に、あるいは世間の側に、何か大きな欠陥があるからだ、暗闇に閉ざされているからだ、という感覚になるわけである。政治運動であろうと、文化運動であろうと、宗教運動であろうと、社会的な運動を起こしていく時には、強烈な形で自分自身の「私の世界」を打ち出すリーダーが必要とされるのであり、またそういうリーダーの世界に自己を没入させることに喜びを感じる人が出てくることになるのである。「私は世界をこう見ている」というリーダーの宣言があり、自分を捨ててそれに従う人々によって運動体が構成され、リーダーの宣言通りに世界を見る人を一人でも増やしていくことが運動の目的となることが多い。これは、悪い言葉で言うと狂信的ということにもなる。

ところで、こうした二つの生き方のいずれでもない生き方がある。自分の考えと他の人（達）の考えとの間に食い違いを感じ取った場合、何よりもまず、周囲の多くの人の考え方、世間の人達の考え方を大事にしようというものである。こうした「皆の世界」を中心に何ごとも考えていこうとする態度は、我が国においては現実に広く見られるものである。どう自分に見えているか、どう自分は考えているかはひとまず置いておこう、あなたにどう見えているか、あなたがどう考えているかもひとまず置いておこう、世の中の人が一般にどう見ているか、考えているかということこそが大切ではないか、という発想である。これがここで「皆の世界への合流」と呼んだ生き方に他ならない。

誰もが認めるべき事実なり法則性なりをもとに考えようという「科学的な」態度も、こうした生き方のバリエーションの一つと言ってよいかもしれない。ここでは自分がどう見るかでも、あなたがどう見るかでもなく、たとえばこういう「科学的な」手続きを踏んで獲得した事実なり法則性なりから誰もが本来こう考えるべきじゃないか、ということになる。だから、そこで言われていることが自分に全然ピンと来ないことであったとしても「科学的な」結論には従わなくては、ということで考えていこうとすることになる。育児法から社会の見方にいたるまで、「科学的な」という形容詞をつけたドグマが時に我が国で流行することがあるのは、こうした下地があるからなのかもしれない。

もちろん、「皆の世界」を何よりもまず大事にするという生き方は重要である。「皆の世界」を軽視したり無視したりしていたのでは、社会生活そのものがやっていけないからである。しかし、そういう前提で生きていく限り、なかなか内的な充実感が持てないのではないだろうか。自分ではどうしてそういうふうになるのか分からないけどそうなんだ、ということばかりだったら、自分の「実感・納得・本音」の世界と自分の頭の中の「知識・理解」の世界とが、別物として分離してしまうことになるのである。いわゆる「優等生」の中に、そういうタイプの人が多いように思われるが、どうであろうか。

どうしてなのかは分からないけど教科書にこう書いてあるからこういうことだとしておこう、というのが「優等生」に多い発想のタイプである。他人事ながら、そういう人は幸せな一生は送れないのではないかと心配にならないわけではない。三〇歳くらいまでの生命力の強い間は「皆の世界」だけにこだわっていてもなんとかやっていけるかもしれない。しかし生命力が衰えてくると、自分の実感に根ざしていない知識とか主張というものは全部いやになるのではないだろうか。元気のある間は無理を承知でなんでもやっていけるけれども、だんだんそうはいかなくなるのである。内的な充実を二の次にして外側の世界だけで生きていくのがつらくなるのである。

学校での「優等生」は企業に入っても「優等生」でやっていくかもしれない。そして中にはそのお陰で出世する人もいるであろう。しかし、繰り返すようであるが、自分にピンとくるもの、自分を充実させるものが毎日の生活の中で積み重なっていくことがないというのは、何と味気ない生活なのであろう。「皆の世界」から言うと価値のあるもの、意味のあることでも、自分にとっては何の意味も価値もないものであることがあるのである。それが積み重なっていくと、何でこんなことをやっているのだろうという深い懐疑の気持ちが時に出てくることがあるのではないだろうか。働きはできる、お金も入ってくる、皆から拍手してもらう、しかしそれにどんな意味があるのだろう、と思うようになってくるわけである。時に将来を嘱望されるエリートや高い社会的地位にある人が、さしたる理由もなく自殺したり蒸発したりするという例があるのは、こうしたことのためであることもあるのではないだろうか。

いずれにせよ、「私の世界」とは違う世界が存在することは、時に薄々は感じているものの、最終的には自分自身の世界か、誰か特定の人の世界か、世間とか社会一般と言われているような世界か、いずれか一つにのみ依拠して考えていこうとするのが、ここで言う第二段階の生き方である。その意味でこの段階は、絶えず一元的な世界への収斂を求める状態にある、と言ってもいいであろう。

3　各自の多様な世界をそのまま認めて生きていく

これに対して第三段階は、自分自身の「私の世界」以外に、各自の多様な「私の世界」の存在することを認識し、前提とするものである。これが自分の考えである、しかしこれはあなたの考えとどこか違っているかもしれない。また、この私の考えもあなたの考えもともに、世間の人々の一般的な考えとはどこか食い違っているかもしれない。だけれど、こうした違いのあることを大前提としていっしょにやっていくことを考えよう、という姿勢である。見かけは違っているけど底がつながっていることに気づくこともあるだろうし、違いは違いとしてなんとか調整しながらやっていかなければならないこともあるだろう。基本的には、私の見方、誰かの見方、世間の見方の三者が同時に成立していることを念頭に置きながら、最終的には自分自身に与えられ開示された「私の世界」に対して誠実にやっていくことを心がけながらも、できる限り「あなたの世界」も「皆の世界」も尊重していこうという生き方である。

結局のところこの第三段階は、三種の世界が基本的に異なるのは当然であると考えながらも、それぞれの世界の持つ内的論理を理解しようとするとともに、その違いの認識を組み込んだ、より深く広い「私の世界」を構築しようとするもの、と言ってもよいかもしれない。つまり、各人の持つ「私の世界」相互の基本的な違いを前提とし、またそれを常に意識しながら、必要な場合には自分自身の「私の世界」との共通部分をなんとか見つけ出そうと努めるようになる段階と言えよう。

結局は「私の世界」を生きていく他ないという覚悟はできているのであるが、「私の世界」とは異なった世界の存在も見えており、そして自分の「私の世界」とそれらの世界との違いを生み出さざるをえないものについてもかなりの程度まで推測できる。たとえば、あの人はこういう個人史を持っているから、どうしてもこの問題をこう見てしまうのじゃないだろうか、こういう社会的な立場だから、やっぱりこのことをこういうふうに見てしまうのじゃないだろうか、あるいは今の時代はこういうものだから、自分の見方とはやっぱりかなりずれがあるけれど、たとえばマスコミがこういう前提でものを語り、多くの人がそういう考え方になっているが、それはそれで仕方がないのじゃないだろうか、といった意識の持ち方である。

これと同時に、自分のものとは異質な点を含む「あの人の世界」、あるいは世間一般が持っている共同幻想的な「皆の世界」を洞察することによって、「私の世界」を広く豊かなものとし、また深くしていくことも可能になるであろう。これは自分自身の世界をおろそかにすることではけっしてない。自分の世界を生きていく際における他の諸世界の考慮の仕方、自分に開示されているもの以外にも存在するはずの多様な可能性への開かれ方の問題なのである。

「私の世界」を大事にするということは自己主張することである、「あの人の世界」「皆の世界」を大事にするということは自己主張を捨てることである、と単純に考えるとすれば、それは全くの誤りである。たとえばここでの第三段階、自分と他の人の世界との異質性を鋭く意識している場合、それだけ余計に、自分なりの見方、考え方を語っていかないといけない、というパラドックスもまた存在するのではないだろうか。

「私の世界」と「あの人の世界」との間に食い違いがある、「私の世界」と「皆の世界」との間に食い違いがある、といった認識がバネとなって、異なった世界との間に橋をかけるべく、よりいっそうのコミュニケーションへの努力が必要とされることが考えられるのである。この場合、単に「違いがある」といったスタティックな意味においての認識ではなく、ダイナミックな意味での、すなわち「違いの認識」が何かを生み出していかざるをえないというものになるであろう。

内面世界は原理的に外の世界に対しての窓を持たない。いわば内閉的で自己完結的な内的世界の中に、一人ひとり別々に住んでいると言ってよい。どう考えてみても、自分の意識に現れている世界以外の世界は、自分にはどうしても見ることができない。神様になって自分の意識の世界の外側に自分自身を置くことができれば別であるが、結局自分に見えている世界しか自分には存在しないのである。したがって、他の人と本当に気づきや思いを共有し、理解し合える通路は存在しようがないのである。

しかしながら、他の人の意識世界との通路は存在しないにしても、他の人の持つ世界について見当をつけることくらいは可能ではないだろうか。それが従来、洞察とか了解といった言葉で呼ばれてきたところであろう。

この意味での洞察を達成していこうとする場合、すなわち自分のとは異質な他の人の世界について見当をつけていこうとする場合、「私はこう見る」「私はこう思う」ということを出していかないと本当のコミュニケーションができなくなる。自分自身の「私の世界」を表出しないままで、「人の言うことに耳を傾けましょう」というだけでは、「私の世界」自体をあいまいなものにしてしまう恐れがあるのである。

ここでは三つの段階に分けて考えたのであるが、実は同一人が一日の中で、この三つの段階を繰り返しいろいろな場で経験することがあるかもしれない。この段階は何歳になったら達成できる、といったことではないのである。何歳になったら第二段階、何歳になったら第三段階、ということではない。これは、あくまでも概念的なレベル分けである。もちろん大まかには第一段階から第三段階に向けての発達があるであろうが、一人の人の中に三つの段階が共存し、ある場面ではこの段階が、別の場面ではこの段階が顔を出す、ということだってあるかもしれないのである。

そういう意味においては、一人ひとりが自分の世界を生きていく中で、異質な他の人の世界を考慮する、あるいは異質な世間や社会の共同的なイメージを意識せざるをえないにしても、それと同時に、自分の中にある自分自身に固有の実感・納得・本音の世界を強く対置することを怠ってはならないことが、あらためて考えられなくてはならない。そうでないならば、外的な他の人の世界、一般的な世間の世界に追随していくだけになって、どこにも「私の世界」が生きてこないということになるからである。

4　それぞれの顔の裏側にあるものを洞察し理解する

ところで、それぞれに異なった各自の「私の世界」に気づき、それぞれの違いを尊重しつつやっていくためには、具体的には、一人ひとりの顔の裏側にある世界にこだわることが必要となるのではないだろうか。これはまた同時に、自分自身の顔の裏側にある内面のプライベートな世界に表れ出る事実にこだわっていくことでもある。一人ひとりの顔の後ろの世界にこだわることは、自分自身の顔の後ろの世界にこだわることにも通じていかなければならないのである。

第3章でもふれたように、自分の内面世界といっても自分自身にはなかなか見えてこないものである。しかしながらさまざまな機会をとらえて努めていけば、たとえ少しずつであるにしても、本当に私の見ているところ、本当の自分にピンとくるもの、本当に自分が大事にしたいもの、が見えてくるはずである。

たとえば、音楽で言うと、ベートーベン、バッハ、モーツァルト、といったクラシックでなくては高級でない、という学校的あるいは世間的な思い込みがある。そうすると、自分には全然ピンとこないのにモーツァルトの没後二〇〇年といったうわさ話的なものに踊らされてモーツァルトを聴いて教養を高めなくては、ということにもなる。これもあながち悪いことではないが、気の毒な感じがしないではない。音楽は単なる教養ではなく、自分に内的充実のある時の流れを与えてくれるもののはずである。自分にピンとこなくては、自分をわくわくさせるのでなくては、どんなに評価の高い音楽でも無益である。「皆の世界」ばかりでやっていくと、自分自身の内側の「私の世界」が見えなくなってしまうのである。人々の言うことに合わせてやっていると、いつのまにか自分自身にとっての真実が見えなくなってしまうのである。自分自身の感性を捨て、他の人々の言うことを自分の感性の代用品にしてしまうのである。

　どの音楽がピンとくるのか、どの絵がピンとくるのか、どの本がピンとくるのか、自分の感性が本当に自分で分かっているかどうか、誰もが一度は反省してみてはどうであろうか。一般的に価値があるとされているものと自分自身がピンと感じるものとの間に時々ずれを感じることがあるのではないだろうか。もしそうしたずれを感じることがないなら、きわめて幸せな人か、きわめて鈍感な人か、どちらかであろう。

　自分の実感としてピンとくる、大事だと思える、なるほどと思える、そういう「世界」がまず土台になくてはならない。そのうえで、あの人はこういう感じ方をしている、このことを大事にしている、だけど人に話す時にはこういう言い方をする、といった形で、その人の外側の現れと内側のあり方が一体として分かっていく。そして、一般にこういう外側のあり方とこういう内側のあり方とがこういうふうにつながっているのかな、といった形で非常に多様な人間のあり方が分かっていく。自分自身のあり方も、そうした広い認識の中に位置づけてみる。そういうことが実現できるならば、自分自身のあり方も相対化して見ることができ、独善的になることもないのではないだろうか。たとえば、これこそ正義だ、これこそ真実だ、これを頼りに生きていかなくてはならない、というものも、実は一人ひとりによって具体的な中身が違い、結果的には実に多様である、ということが分かるようになるであろう。そうした中において、自分自身はどうなのかなのである。他ならぬ私は、他ならぬこういうことに対しては、どうしてか分からないけれどピンとくるが、誰もが良いと言っているこのことに対しては、全然ピンとこない。こういうことは私に充実感を与えてくれるが、こういうことは自分にとってかかわりのない、無意味なものとしか感じられない。こういったことが見えてくるようになってはじめて、人間理解ということ、「私の世界」と異なった多様な世界の理解ということも本物になってくるのではないだろうか。

自分自身が生きている「私の世界」を大事にしつつ、親しい人、大事な人が生きている「あの人の世界」、そして人々がこれはこういうものであると言い交わしている「皆の世界」をも十分に考慮していきたいものである。さらには、それぞれの世界の持つ違いに留意しつつ、他ならぬ「私の世界」は他の人達の世界とどのような形でかかわっているのか、そして「私の世界」が暗黙のうちに依拠しているものは自分自身の外側にあるものなのか内側にあるものなのか、といったことを合わせて考えていきたいものである。こういう吟味検討を通じてはじめて、現象的な存在としての〈私〉が、それなりの責任において、与えられた生を充実した形で着実に生きていくことが可能になるのではないだろうか。

第6章　マルチなアイデンティティと新たな統合の道と

1　現代人の自己意識の特質を江戸時代の人の場合とくらべると

現代人の自己意識のあり方にはどのような特質が見られるであろうか。とりわけ、自己意識の中核とも言うべきアイデンティティのあり方についてはいかがであろう。これは、今とは違って社会的階層が固定し、人々の関係が固い伝統の上に立つ因習性の強いものであり、常時「分」に応じた言動を求められていた江戸時代の人達が持っていたアイデンティティのあり方と対比してみることによって容易に理解できるのではないだろうか。

たとえば当時の武士階級の男性は、身分の上下を問わず、「武士道」という言葉で強調されたように、どのような場においても「武士」としての自覚を持ち、それにふさわしい言動を取ることが当然とされていた。このよい例は、佐賀の鍋島藩を中心に「鍋島論語」とも呼ばれて尊重されてきた『葉隠』の内容に如実にうかがわれるであろう。[*1] これは老武士山本常朝が若い侍達に話したことの聞き書きであるが、ここには武士たるものの心得と出処進退が諄々と説かれており、「自分は武士である」というアイデンティティが、日常生活の各場面での言動から生涯にわたっての生き方までを規定しているさまを如実に見てとることができる。

江戸時代の社会においては同様に、たとえば林羅山を代表格とする体制側知識人「儒者」の場合にもうかがえる。彼らは服装から言動まで、常時「儒者」としての自覚を持ち、それにふさわしい生活のあり方をすることが求められたのである。また、松尾芭蕉とその門人達の場合であるなら、「俳人」として生きることを自分自身に課してきたことがさまざまな記録からうかがわれる。そして商家に生きる人達は「商人」としての修業に、丁稚や手代は丁稚や手代らしい生活の仕方をしながら、番頭や旦那は番頭や旦那らしい生活の仕方をしながら、いそしむことが求められてきたわけである。農民の場合もまた基本的には同様に、自分が「農民」であることの自覚と、それにもとづく日々の勤労が、季節季節に応じた形で求められていた。江戸時代の人々は、その時その場の社会的文脈を超えた形で「自分自身は何者であるか」という自覚を持ち、それを基盤として生きることを求められ、またそれを当然のこととしてきたのである。一部の人にとっては早々と社会的に引退して御隠居になったり、家を出て隠者となったりするという形で因習的な生き方から解放される道もなかったわけではないが……。

江戸時代の人達は、まさに典型的な形で社会的アイデンティティに規定された自己アイデンティティを生きてきたといってよい。こうしたアイデンティティのあり方は、基本的には明治維新を経ても廃れることなく、敗戦にいたる昭和前期までにも見られたのではないだろうか。しかしながら現代社会では、常住坐臥を一定の社会的アイデンティティにもとづく自己アイデンティティで律する、などということは考え難くなっている。何よりもまず現代社会は流動的であって、役割構造そのものが常に改編されていくと同時に、個々人を生涯にわたって一定の役割に縛りつけるものではなくなっている。転職が珍しくないだけでなく、組織そのものもできたり潰れたり、吸収されたり合併したり、内部構造の抜本的変化があったり、と必ずしも永続性を信頼することはできない。また高齢になるまで人々が生きるようになったため、社会的所属や役割を定年や引退で返上した後に、いわば余生として生きていく年月が長くなっている。江戸時代では例外的存在であった御隠居や隠者の人達が現代社会では大きな比重を持つ社会的構成要素となっており、また社会的所属と役割が比較的明確な若い人の場合であっても、自分自身の行く末の問題として、長期にわたる無所属無役割の時期をいかに生きるかを頭のどこかに置かなくてはならなくなっているのである。

こうした事情のため、現代社会では「私は〇〇としての生涯を送る」という意識ではなく、基本的には「今の私としてはいちおう〇〇として」という意識で生きていかざるをえなくなっているのではないだろうか。さらには、社会が複雑化し流動化しているため、「今」の自分自身が所属している場も、そこでの役割も、一つや二つではなくなっている。したがって、その時その場の社会的文脈に応じて自分を規定し、自分自身をそこに最も適合する形で社会的に提示する、というのが普通になってきているのではないだろうか。

たとえば「政治家」のことを考えてみよう。以前なら「井戸塀」(政界で私財を注ぎ込んで公的世界のために奔走し、気がついたら自分の屋敷に井戸と塀しか残っていない)と言われたように、自分自身の全財産をなげうってでも自らの社会的理想を追求する、といったあり方がモデルとされ、そうしたあり方を基本的に踏み行う存在としての「政治家」がイメージされていたであろう。したがって「自分は政治家である」というアイデンティティを持つならば、当然のこととして、自分の全財産を傾けるところまで政治的活動に奔走しなくてはならない、ということになったわけである。しかしながら現代社会では、当人も周囲の人も含め、誰一人そんなことまで政治家に求めてはいない。国会や地方議会に席を持つ政治家が、社会のあり方を自分の持つ理想の方向に向けて改善改革していく、という言葉を公の場でいくら口にしていたとしても、その目的を実現するために常住坐臥努力しているなどとは現代人の誰一人考えないであろう。その時その場での個人的利得を求めてさまざまな顔を人々に見せ、必要に応じて自分の政治的影響力を誇示する、といった形で自分の○○議員としての社会的立場を個人的に活用しているのでは、というイメージで見ている人が圧倒的に多いのではないだろうか。

柔軟で流動的で複雑化した役割構造を持つ現代社会では、その時その場の社会的文脈の中で、自分の気持ちに沿って、また自分の利害得失に沿って、そこでの自分の基本的あり方を表現する、といったカメレオン的あり方が多かれ少なかれ現代人には見られるのである。言い換えれば、常住坐臥、自分自身の基本的なあり方として自分で大事にしているもの（基本的自己規定としてのアイデンティテイ）にふさわしくありたいという超文脈的な自己定義を多くの人は持っていないのである。たとえば教師であるとか警察官であるとか○○会社の社員であるとかいったことも、基本的な自己規定（アイデンティティ）であるというより、何をやってどこから基本的な収入を得ているか、ということを示すものであることが少なくない。言い換えるなら、期待された役割を期待されている場では果たしていくとしても、それをそのまま自分自身の常住坐臥を律する基本的な自己定義としては必ずしも考えていない、というのが現代社会なのである。

2 「位置づけのアイデンティティ」から「宣言としてのアイデンティティ」への転換

このように現代社会では、外的に与えられた社会的レッテルとその一般的含意が、直接的な形でその人の中核的な自己概念としてのアイデンティティとなるわけではない。自己選択・自己決定と自己責任を原理とする生き方をしようとするならば、その時その場でその人の行動や判断の仕方を支える個々の自己概念も、さらには超文脈的な形でその人の基本的なあり方を規定していく自己定義としてのアイデンティティも、外部から与えられたものをそのまま自分に当てはめるということでなく、外部から与えられたものを土台としながらも自分自身がそこから選び取ったもの、自分自身がそこから構成したもの、という形をとらざるをえなくなるのである。言い換えるなら、基本的には外的社会的定義にもとづく「位置づけのアイデンティティ」をそのまま自分自身のものとして受け入れることが困難となり、自己なりの自己定義を構成し続ける中でその時その場での暫定的な自己規定を行い、周囲にもそれを認めさせ受け入れさせたいとする「宣言としてのアイデンティティ」の色彩の強いものにならざるをえないのではないだろうか。

たとえば「女性」とか「男性」という社会的レッテルと、それにもとづくジェンダー・アイデンティティの現代的様相を考えてみるだけでも、その辺の事情を理解することができるであろう。性別として「女性」に生まれ育ってきた人は、自分が「男性」でなく「女性」であることを否応なく認識させられていく（「女性」という自己概念を持つ）と同時に、自分の生きている社会が「女性」に対して与えてきた暗黙の期待が自分自身に対しても突きつけられていることを意識せざるをえなくなる。少なくとも明治以降の近代日本社会では、「女性」は成人したら結婚し、外で働くのでなく家に留まって家事や育児を担当する役割を果たすべきであり、それによって外で働いて収入を得てくる「男性」に安らぎの家庭を提供する、という「内助の功」が期待されてきた。現代社会においても、そうした伝統的な社会的期待は「自分が女性である」という自己概念を持つ人に対して、多かれ少なかれ不断の社会的圧力として突きつけられていると言ってよい。しかしながら、自己選択・自己決定と自己責任を原理とした生き方を尊重する現代社会の流れから言えば、「女性だから」という暗黙の社会的期待は、「女性」という自己概念を持つ人に対して必ずしも決定的な影響力を持つわけではない。「女性」が社会的に進出し、社会で責任ある役割を果たしていくことも当然の選択肢となっている現代社会においては、家事と育児も「女性」だけに必然的に突きつけられる役割ではなくなっており、伴侶の「男性」と分担していくべきものという考え方が広まっている。さらには、料理や洗濯・掃除の外注や保育所の整備などといった社会的措置によって「女性」にかけられがちな家事や育児の担当という役割期待を代替すべき、という考え方も強くなっている。

こうした中で、「女性」だから結婚して家庭を持ち、子どもを産んで育てるのが当然、という考え方に対しても「ノー」を突きつけ、非婚を選択する女性も現実に増えてきているのである。そうすると、自分は「女性」であるという自己概念なりアイデンティティなりを持ったとしても、その自己概念なりアイデンティティから導かれてくるその人の行動様式や生き方は、個々人によって自己選択・自己決定され、自己責任において決められていくものになると言ってよい。したがって「女性」という自己認識・自己概念を持っているとしても、そこから導かれてくるものの具体的内実はきわめて多様な形を取ることにならざるをえない。もはや「あなたは女性でしょ、そのことをよく自覚して、世の中が女性に期待するところをあなたも身につけ、あなたの生き方としてやっていきなさい」といった形で迫ってくる暗黙の社会的期待を忠実に受けとめ、それを反映した「位置づけのアイデンティティ」に留まることは不可能になっていると言ってもいいであろう。

自分自身が「女性」であることの特性を踏まえて(たとえば「新たな生命を胎内で育て誕生させる」という「男性」にはできない可能性を持つことの認識を持ったうえで)、どのような自己選択をし、その結果としてどのような生き方をするかを自分自身で決め、自分の周囲に対して、さらには社会に対して、そういう自分のあり方を押し出していく(=「宣言としてのアイデンティティ」)、ということをやっていかざるをえないのである。

3 一元的ペルソナ
=一元的アイデンティティから多面的ペルソナ、あるいは多元的アイデンティティへの転換

現代はまた、誰もが数多くの「顔」を持ち、多様な形で社会参加をするのが当然という社会になっている。したがって、時と場によって、また対する人によって、自分の持っているどの「顔」を表に出すべきか、自分自身を「何者」としてそこでふるまわせるか、多かれ少なかれ変えていかざるをえなく

なっている。周囲からも、こうした時・場においては「自分は〇〇だ」といった固定した自己意識に縛られないで、基本的にこうした対応をした方がいい、といった暗黙の期待が寄せられていることもある。また自分自身としても、「自分は〇〇だ」という自己意識に常時縛られるということでなく、臨機応変に柔軟なあり方を取ることが望ましい、と感じる場合も少なくないであろう。この意味において現代社会は、多面的ペルソナないし多元的アイデンティティが前提となっていると考えてよいのではないだろうか。

たとえば、小学校で教員を務めるある男性は、勤務している学校に行けば教師という「顔」をし、その「立場」に立脚して児童や同僚教師に対応しているであろう。しかし夜間に通っている大学院に行けば、昼間はさまざまな「顔」を持って活動している他の社会人院生に立ち交じって、指導教官の指導を受け、院生の「立場」で行動することになる。そして、自宅に帰れば妻に対しては夫として、子ども達に対しては父親としてふるまうことになるであろう。さらに週に一度は〈お茶〉のお稽古に通い、時々はお茶会にも参加することによって、自分の茶道にかける気持ちを深めていこうとしているかもしれない。こうしたさまざまな「顔」を持ち、またそれにともなう多様な「立場」に立って、一人の人が生活しているという場合、それぞれの時・場における「顔」なり「立場」なりは、まさにG・W・オルポートやユングが言う意味での「ペルソナ」、つまり社会的仮面であると言ってよいであろう。

この「ペルソナ」は、必ずしもその人のアイデンティティと同等の意味を持つわけではない。先に例としてあげた小学校教員の場合であるなら、大学院の院生としてふるまっている時に、夫や親としてふるまっている時に、またお茶の愛好者としてふるまっている時に、「自分はそもそもは小学校の教師だ」

という彼の自己意識がどこかに透けて見えるならば、彼の「アイデンティティ」はやはり教師なのであって、それを下敷きにしながらそれぞれの場での「顔」や「立場」をこなしている、ということになる。この場合には多面的ペルソナは持つとしても、必ずしも多元的アイデンティティを持つということではないのである。しかしながら、この彼が大学院で自分の研究に没頭している時には、あるいは他の院生や指導教官と研究上のことで協同作業したり議論をしたりしている時には、昼間は教師という仕事をしているということは頭にないといった場合には、また家庭で夫や親としてふるまっている時には外で教師という仕事をやってることは棚上げにし、家庭人としてのあり方に徹したいとしているといった場合には、多面的ペルソナというより多元的アイデンティティを持つと言った方が適切ではないだろうか。

人の内面世界と外的世界とのかかわりを、

〔内的（本源的）自己〕・〔意識世界〕・〔提示された自己〕・〔社会的な期待・価値体系〕

として考えてみるならば[*2]、「アイデンティティ」は、基本的に、〔意識世界〕・〔提示された自己〕の問題であるのに対し、「ペルソナ」は〔提示された自己〕・〔社会的な期待・価値体系〕にかかわる問題であり、〔内的（本源的）自己〕は両者の背後に潜在するものである。

もちろん「アイデンティティ」と「ペルソナ」とが常に区別されるわけではない。「アイデンティティ」にもとづく「ペルソナ」といったあり方は、当然のことながらごく自然な姿であると言ってよい。また、先にもふれたように、どのような「場」に行ってどのような「顔」をしても、その下に何か一定の自己意識が透けて見える、といった「肉づきの仮面」の域にいたるならば、つまり〔意識世界〕をも十分に巻き込んだ「顔」ないし「仮面」が時や場を越えて持続するものになっているならば、これは各種「ペルソナ」の基盤として一つの基本的「アイデンティティ」が存在する、というあり方と言ってよい。ただし現代社会では、何か一つの「アイデンティティ」を持つということ自体が、実際にはきわめてまれなことのように思われるのであるが……。

4　現代社会における「志としてのアイデンティティ」の可能性

こうした自己選択・自己決定を尊重する社会において、数多くの「顔」を持って臨機応変に生きていこうとする場合、自分自身のあらゆる言動を、生活のあらゆる場で、常住坐臥律していく基本的準拠枠（フレーム・オブ・リファレンス）として、単一の「アイデンティティ」を持つということ自体が非常に困難になっている。もちろん、この場合の「アイデンティティ」とは、社会的な所属なりレッテルなりの内面化による伝統的なもの、つまり「位置づけのアイデンティティ」のことになるが。しかしながら、たとえごく少数でしかないとしても、数多くの「顔」なり「ペルソナ」なりの基盤に、何か特定の「アイデンティティ」を持つ、という人は現代社会においても存在しうるであろうし、また現実にそういうふうに見てとれる人がいないわけではないであろう。

たとえば宮沢賢治（一八九六～一九三三）のことを考えてみたい。賢治は今では『銀河鉄道の夜』や『注文の多い料理店』などの作品で有名であるが、生存中は無名とも言ってよい存在であった。賢治は農業指導者として農村を廻り、時には教師を務め、そして誰にも認められない童話を書き続け、若くして亡くなっている。しかし、宮沢賢治のこうしたいくつかの「顔」を貫く「志」を、彼は赤裸々に自分の個人ノートに書き留めているのである。彼の死後それが発見され、一編の詩として、「雨ニモマケズ」という冒頭のフレーズがあたかもその題名であるかのように受けとめられ、多くの人に知られるにいたっている。しかし、賢治の「雨ニモマケズ」は、彼にとっては必ずしも作品でなく（他の詩は何度も推敲や改編をしているが「雨ニモマケズ」にはそれがない）、自分自身の「かくありたい」という気持ちを表現した、いわば私的な呟きである。そこでは、自分自身の行動が「デクノボー」と人々の目に映ること（社会的アイデンティティ）が祈願されており、その「デクノボー」的な社会的あり方への志向性は、彼の「自己アイデンティティ」としての「法華経の行者＝無私の形で人々のために徹底的に尽くす存在」にもとづくものであるとされている。つまり、彼は「志としてのアイデンティティ」を明確な形で持っていたと思われるのである。その時々の「ペルソナ」として多様な「顔」を持っていたとしても、それを貫く赤い糸としての、言い換えるなら共通低音としての「志」を、「法華経の行者」という形で常に堅持したい、としていたのである。この「志」が賢治の基本的準拠枠となっていたわけであり、多様な時・場における自己の言動を貫いていってほしい、と賢治が切に願っていたところなのである。そして賢治は、童話や詩の形で、そうした自分の「志」を社会に対しても宣言し、自分なりに実践しようとしていたのである。

現代社会に生きる人としては、宮沢賢治と同じように自己固有の「志としてのアイデンティティ」を大事にする人として、文化勲章ももらった著述家である梅原猛（一九二五〜二〇一九）のことが私の頭に浮かぶ。彼は大学の教師をし、若い時から多様な文章を新聞や雑誌に発表してきた人であり、公立大学の学長も経験している。五〇年前、学生であった私は居住していた学生寮の前の小さな家に住んでおられた梅原猛先生とよく出会って話す機会を持ったが、その折にはニーチェの思想を中心に研究しておられた、という印象がある。

梅原猛という名前が世間に広く知られたのは、聖徳太子と法隆寺との関係を論じた『隠された十字架』（一九七二年）がベストセラーになったことによる。それ以降、柿本人麻呂論や出雲朝廷論などさまざまな形で日本の古代史に関する著述をし、歴史学の分野にも深く切り込んできた人である。また彼には仏教に関するすぐれた著作も数々ある。

多くの分野で才能を発揮され独自の思想を展開してこられた人であるが、彼は一貫して「哲学者」を名乗ってきた。さまざまのテーマについての著述は、自分自身が「哲学する」ことのその時々の表現でしかないということなのである。梅原猛の「志としてのアイデンティティ」がここに明瞭にうかがえると同時に、社会に向けての彼自身の「宣言としてのアイデンティティ」もここにまた明白な形で表明されていると言っていいであろう。

こうした「志としてのアイデンティティ」は、親鸞の場合には非僧非俗の「愚禿（ぐとく）」という自己宣言として表明された、ということもまた思い起こされるところである。

5 「本来の自己としてのアイデンティティ」の自覚へ

さて、流動的な現代社会において、そして自己選択・自己決定を原理とする個の自立が求められる中で、「志としてのアイデンティティ」とは異なった形でのアイデンティティのあり方の可能性が、もう一つ考えられないではない。これは、「本来の自己は」といった形で自分自身の根源的で究極的なあり方を探究していく中で得られる自己規定の仕方である。こうした形でのアイデンティティ探究が、我が国でも、また欧米でも、一部に見られるようになってきているのである。

従来の欧米的自我確立は、自分自身が社会的にどのようなレッテルを背負って生きるかにかかわる自覚と決意、という意味合いの強いものであった。そこでは、「意識世界の中での筋道を立てた自己定義の追求」というロゴス中心的（意識世界での理性中心的）なアイデンティティの探究が課題とならざるをえなかったと言ってよい。たとえばその典型例をエリクソンのアイデンティティ論を自分なりに定式化しようとしたマーシャ（J.E.Marcia, 1966）の考え方にうかがうことができるであろう。[*3]

ここでは、以下に示すような形で、四種のアイデンティティ・ステイタス（アイデンティティ確立過程での基本的ステップ）が区別される。ここで問題とされるのは、「危機（crisis）」（本当の私って？／自分は何になるべき？／自分はどうあるべき？　といった悩み）の有無と、職業・宗教・政治の面での関与（commitment）があるかどうか（そのレッテルを自分自身のものとして本当に引き受けるのか）である。これを面接を通じて個々人につき判断していこうとするわけである。

(1) アイデンティティの確立（identity achievement）
危機（crisis）の時期を経験し、職業・宗教・政治の面で特定の関与（commitment）を持つにいたる。
(2) a モラトリアム（猶予）〔猶予＝大事なこととの認識はあるが先送り〕（moratorium）
危機（crisis）の経験はあるが、職業・宗教・政治の面での特定の関与（commitment）は先送りしている。
(2) b 埋没〔抵当流れ＝日々のことに追われるまま時間が経過〕（foreclosure）
危機（crisis）の経験もなく、職業・宗教・政治の面で特定の関与（commitment）を表明することもない。
(3) アイデンティティ拡散〔自分自身に関する意識の焦点化がない〕（identity-diffusion）
危機（crisis）の時期を経験している場合もそうでない場合もあるが、職業・宗教・政治の面で特定の関与（commitment）を持つにいたっていない。

こうした形でのアイデンティティの確立は、社会的な意味での「私探し」であり、その社会に自分自身はどのようにはまり込んでいったらいいか、ということを明確化しようとする営みである。これに対して日本的な（あるいはアジア的な）自我確立の仕方の根本には、「自分自身の根っこを意識下の本源的な世界＝実感・納得・本音として現象する世界＝に深く降ろす」ことの追求がある。自分にピンとくるもの、わくわくするものといった実感世界に、「その通り！」と自分が心から納得できる世界に気づき、それを大切な基盤としてすべてを考え、それを概念化して自己の本音として堅持してやっていこうという志向であろう。これは「超ロゴス的」な生き方であり、言い換えるなら意識世界と意識下の世界の双方を包含する全体的内面世界が参与する全人格的な生き方である。そうした生き方の行き着く先は、自分自身を社会的存在としての自己定義から解放し、さらには家庭といった私的空間における位置からも、また私的個人的な「志」からも解放して、自分自身に与えられた生命を、与えられた環境で十分に味わいながら、精一杯生きていこうとしている自分自身（これまでもそう生きてきたし今後も命尽きるまでそう生きていく私）として自覚していくことではないだろうか。概念化するならば、たとえば「生命エネルギーとしての自己」という自覚にもなるかもしれない。また、座禅や念仏を通じて、あるいは観想や黙想を通じて、自己の本来の姿が「空」であるとか「無常」であるとか「神の子」であるとか、といった自覚に導かれる、ということにもなるかもしれないであろう。こうした自覚が自己物語の全体を貫くものとなるならば、そして自分自身の多様な自己概念群を最も基盤において支えるものとなるならば、これこそ究極のアイデンティティと考えることも可能ではないだろうか。

現代社会は自己選択・自己決定を原理とし、個の自立を当然のこととして志向するが故に、人々の間の連帯が薄れ、一人ひとりが孤立化していく恐れが常につきまとう。こうした中でロゴス中心的に脱個人主義を目指し、他の人との間で「互いの違いを違いとして認め合いながら相互理解を深める」という形での新たな連帯志向も顕著となっている。これを個々人の内面の深いところから、できれば体験を通じて追求していこうというのが、こうした「本来の自己」を問題とする動きであると言ってよい。鈴木大拙の禅思想がアメリカを中心にもてはやされたり、ヨーロッパの主要都市には必ずといってよいほど禅センターができているといった状況は、こうした志向の具体的現れと言ってよいであろう。これと関連して「神と一致するために神を捨てる」などといった逆説的言明で知られるエックハルトをはじめとするドイツ神秘主義の見直しが欧米で行われていることも、見過ごせない動きではないだろうか。[*4]

いずれにせよ、自己選択・自己決定を原理とする個人主義は、この原理そのものを弱めることによって人々の間に連帯を実現していくという方向でなく、個々人の自己選択・自己決定の深部にある基盤的部分にまでの掘り下げをしていくことによって、他の人との間の共感と慈愛を体験・実感し、それを土台として全人格的な連帯を実現していこうという方向で発展させられていくべきではないだろうか。

現代社会におけるアイデンティティのあり方の問題は、こうした根本的地点からも考えてみるべき時期に来ているように思われてならない。

現代人の自己意識・自己概念やアイデンティティは、単に多面的多元的であるだけでなく、基本的に多層的な形をとっている。たとえばアイデンティティにしても、もはや単純な形での自己定義、自己規定の問題として考えることができない、というのが現代社会に生きるわれわれの実際のあり方ではないだろうか。自己物語という形で全体的自己イメージを問題とする視点が浮上してきたのも、こうした状況と大きく関係しているように思われてならない。

さて、その人なりの自己意識の統合の鍵はどこにあるのであろうか。

＊1　たとえば、梶田叡一『和魂ルネッサンス』（あすとろ出版、二〇〇九年〔ERP、二〇一五〕）の第一〇章「山本常朝の『葉隠』と武士道精神」を参照。

＊2　たとえば、梶田叡一『内面性の心理学』（大日本図書、一九九一年）や、梶田叡一『人間教育のために』（金子書房、二〇一六年）のいくつかの章で、こうした個人の心理的生命的世界と外的な対人的社会的世界とのかかわりについて、図解を試みながら論じている。

＊3　Marcia, James E., "Development and Validation of Ego-Identity Status" *J. Pers. Soc. Psych.*, vol. 3, no. 5 551-558, 1966.

＊4　たとえば、佐藤研『禅キリスト教の誕生』（岩波書店、二〇〇七年）などを参照されたい。

第7章　〈公〉も〈私〉も大事にするということ

1　滅私奉公と滅公奉私と

一九四五（昭和二〇）年の敗戦までは、国の主導のもと社会総がかりで「滅私奉公」が叫ばれた。私心（個人的感情や私利私欲）をなくし「公」（社会国家）のために尽くそう、ということである。これが敗戦で一転し、虚脱感と解放感の中で、自分の身の回りの私的事情を最優先する気風が吹き荒れた。「国」や「公」なんて自分に何の関係があるんだ、それより自分の生活だ、という感覚である。もっと言うと、「国」や「公」は、対決し、要求を突きつけ、自分（達）の利益をむしり取る対象である、という暗黙の前提である。そして「進歩的」文化人やマスコミが、そうした空気や感覚や前提を言語化した「思想」を、今日にいたるまで延々と語ってきたのである。具眼の士が、日本社会は敗戦から半世紀余り、私的利益の追求に明け暮れ、「滅公奉私」の原則で動いてきた、と嘆くのも当然至極のことであろう。

「公」が〈我々の世界〉であるとするなら、ここでの「私」は閉ざされた意味での〈我の世界〉である。「滅私奉公」とは、個人的事情優先という意味でのトラップ的〈我の世界〉を顧みず、〈我々の世界〉への貢献ということにのみ意識を集中して生きろ、ということであろう。これに対して、最近の風潮は、即自的な閉ざされた意味での〈我の世界〉のみを意識し、優先させ、本当の意味での〈我々の世界〉のことを、特にそこに参画し、自分なりの貢献をしつつ生きる、ということなど考えようとしない、というものである。

しかしながら、もうそろそろ、新しい形で「私」と「公」の関係を打ち立てる、ということを考えなくてはならない時期ではないだろうか。戦時体制の下での「滅私奉公」は、戦争遂行という異常な事態の下では当然すぎるほど当然のことであったとしても、それをそのまま平時の平和な社会の原則にすることはできない。また、自分のことしか考えない「滅公奉私」は、人間としての未熟性ないし幼児性を示すものでしかない。アリストテレスがすでに指摘するように、人は他の人達と手を組み、ともに生きるという存在様式しか取りえない社会的動物である以上、個人的事情を最優先することはとうてい許されることではないのである。それに、啓蒙思想家ホッブズも言うように、自分の個人的事情を最優先する社会は、「万人の万人に対する戦い」の様相を呈するものとなってしまうであろう。

2 「公」と「私」の両立に向けて

そうすると、「公」も「私」もともに大事にする、という原則をどう考え、どう実現していったらいいのか、という問題になる。「私」の延長上に「公」があり、「公」がそのまま「私」でもある、といった幸福な「公私不二」「公私一体」の状態が実現できるとすれば、それに越したことはないであろう。しかしそれは、どのようにしたら可能になるであろうか、ということである。この解決策は、基本的には、次のような事態として想定されるのではないだろうか。

(1) 一人ひとりが適切に教育されて公共心と協調性を持ち、各自の自発的自主的な努力によって、社会の共通善の実現を目指す取り組みを行う。

(2) 社会の指導者が、その社会の構成員一人ひとりの個人的な感情と利益に最大限の配慮をし、全員が満足できるような形での社会運営を行う。

この二点は、政治家や高級行政官などといった社会的指導者が常に念頭に置いて努力すべきところである。しかし現実には、こうした二点を実現していくことは必ずしも容易なことでない。たとえば(1)で言えば、「社会の共通善」として何を考え、誰がそれを決めるのか、という問題がある。また(2)で言えば、「全員が満足」などということがそもそもありうるのか、それをいったい誰がどう検証するのか、という問題がある。

3 「公」の実現を目指す上からと下からのアプローチ

たしかに困難な問題は残るとはいえ、なんとかして「公」＝「社会の共通善」の実現に向けて動いていかねばならないのではないだろうか。

「公」＝「社会の共通善」の実現については、全く逆方向からの二つのアプローチが考えられる。上からと下からの接近法である。

上からのアプローチとは、統治権を握っている人のイニシアティブによって、主として権力機構を用いて、その社会の構成員の私的個人的利害を超えた一般的な利益を追求していく、というものである。聖人君子が権力を握るならば、こうした方向を目指すことも可能であろう。しかし、これは時として、「公」＝「社会の共通善」という名によって統治者が「私」を追求していく、といったものに堕していく恐れがないとは言えない。独裁者の陥りがちな陥穽（かんせい）である。さらには「公」＝「社会の共通善」の強調が行きすぎて「私」が窒息してしまう、という悪い意味での「滅私奉公」になってしまう恐れがないではない。全体主義的な国家が必ず落ち込む秘密警察と密告による社会統制など、この典型例ではないだろうか。

いずれにせよ、こうした上からのアプローチをとっていく場合、「大義に殉じる」とか「共同体に帰一する」といった形で個々人の心情を収攬（しゅうらん）し、自分自身の個人的な利害や好悪の感情を超越させる、といった心理操作が用いられざるをえなくなる。つまり、「公」＝「全員の満足」という心理的状態を実現する方向に向かって上からの絶えざる働きかけがなされることになるのである。これは古典的には指導者の民衆に対する演説によって、現代的にはテレビをはじめとするマスコミやインターネットなどの動員によって行われることになるであろう。しかしながら時には個人的利害と絡めた誘導的な制度や、独裁国では治安警察制度などの社会的統制機構の整備によって強制的に行われることも考えられないではない。

これに対して、下からのアプローチとは、基本的には、社会的な立場や役割の違う一人ひとりが、そうした違いを乗り越えて平等な立場で社会的な決定に参画する、という形で「公」を追求する、というものである。言い換えるなら、一人ひとりが主体となって「ともに生きること」「共通の利益となること」を求め、その実現を目指して公共的な空間を形作り、個々の個人的利害の調整を進めていく、というものである。「草の根の民主主義」と言われてきたものこそ、こうした下からの「公」＝「社会の共通善」の実現方策に他ならない。これが真に実現できれば、誰もが幸せになる形で、「公私一体」が実現できることになる。

しかしながら現実には、これは美しい「理想」ないし「夢」であり、現代における一つのメルヘンであると言ってもいい。民主主義国家では、こうした方向を目指すと称して次々にデマゴーグ（民衆扇動家）が出てくるのであり、そうした指導者が社会の実権を握ると、無能であれば衆愚政治になり、有能であれば僭主政治（実質的に権力を握ったボスが黒幕となって民衆を操る政治）になってしまいがちだからである。

もちろん、こうした方向をポジティブな形で目指すという点での進展が何もない、というわけではない。我が国においても、市民運動のある部分に、あるいは各種ボランティア活動の展開の中に、こうした方向を実現していく萌芽のようなものが見られるのではないか、というのが私自身の見方である。

4　新しい「公共」の創出を目指して

「公」のことを最近では「公共」という語で表すことがある。英語で言えば、いずれも「パブリック」である。しかしながら、あえて「公共」というやや熟さぬ言葉を用いるのは、「公」という語を用いて、その大事さを述べるだけで「滅私奉公」のことと考えてしまう短絡的かつ紋切り型の人が未だ少なからず存在するからである。しかしそうした人を切り捨ててしまうのでなく、本当の意味での「公」の大切さを、そうした人も含めすべての人に深く理解し、再確認してもらいたいと願ってのことに他ならない。

「公共」と言われる場合、先に述べたところから言うと、下からの「公私一体」を目指すものであることが多い。一人ひとりが主体的に参画して公的な空間を作っていこう、共通善を実現していこう、ということである。しかしながら、このような当然のことを今さらながら強調しなくてはならない現代日本社会の病の深さに、あらためて思いを致すべきであろう。第二次世界大戦の敗戦からすでに七〇年以上が経過した今日、敗戦ショックから生じた幼児還り的な個人的事情最優先の「滅公奉私」的気風を清算しなくては、日本社会の次のステップに向け力強く歩み出すことは不可能ではないだろうか。

「公」と「私」の望ましい関係について、〈我々の世界〉に貢献することと〈我の世界〉の充実・満足を求めることとの間のあるべき関係について、困難な課題が山積するとはいえ、今後とも具体的な形で広く深く考えていきたいものである。

Ⅲ

〈いのち〉として

第8章　自己幻想からの脱却と〈いのち〉の自覚

1　汐海治美さんの詩が語るもの

仙台在住の詩人で国語教師でもある汐海治美さんは、詩集『宙ぶらりんの月』(二〇〇九年)の中に、次のようなフレーズを載せている。[*1]

自分の体が
自分のものではなく神のものだということが
こんなにも素直に
受け入れられることが
おもしろい

かつて
自分の体は自分のものだと
なんの疑いもなく
信じていたのに
回復すればするほど
体に残された
神の刻印を
信じるようになっているのが
おかしい

「私は、私の人生を選び取り
その結果、今ここにいる」という
そんな人生を生きるのだと言った
若い私の言葉を
今思い出す

若さはいつも愚かで

（「十一月二十五日〈火〉」の一部）

力強く
つんと上向いた乳房そのもので
復讐に値する

（「十一月二十八日〈金〉」の一部）

汐海さんのこの詩は、突然のガン宣告と手術入院の折に、病床で書き留められたものである。ちなみに、手術が一一月一九日、その六日後と九日後のフレーズである。自らの〈いのち〉の再確認の言葉、と言ってよい。ここには、自分自身という存在の基本的あり方についての振り返り、自分自身についての従来の意識に重大な転換が生じていることへの気づき、が如実に語られている。特に、「自分の責任で生きる」「自分の考えに従って生きる」といった、誰もが当然のことのように持ちがちな大前提が、自分自身の〈いのち〉の危機に際して根本から転換を迫られる、といった様子が印象的である。汐海さんが一本筋の通った知性的な人であるだけに、「私のいのち」「私の人生」といった根本的な自己意識から「私」が脱落するさまに、特別な感慨を持たざるをえない。

2　意識中心的で天動説的（＝主我中心的）な自己幻想からの脱却

「与えられた〈いのち〉を自分自身が生きている」という基本的な気づきの大切さに、あらためて考えさせられるものがあるのではないだろうか。言い換えるなら、「私は結局は自分の意識なり意志なりの世界を超えた大きな力によって生かされている」という根本的な点について、なんらかの内的な体験なり実感なりが必要ではないだろうか。そうした基本的気づきを抜きにしたまま、〈いのち〉の尊厳とか、〈いのち〉は取り返しのつかない貴重なものであるとか、身の回りの動植物がそれぞれ〈いのち〉であるから尊重しようとか、自分も他の人もかけがえのない〈いのち〉を持っていることを自覚しよう、などと教えてみても、そしてそれを各自が自分の意識世界で「その通り」と受け入れたとしても、結局は空しいのではないだろうか。

〈いのち〉について考えることの基盤には、〈いのち〉についての実感がなくてはならない。そしてそれは、何よりもまず自分自身の〈いのち〉についての実感でなくてはならない。「自分自身が一個の〈いのち〉として生きている」「自分を支えている大きな〈いのち〉の働きの上に自分という意識もある」という自分自身に即した内的感覚を抜きにしては、〈いのち〉についてのいかなる議論も空虚なものでしかない。

しかしながら、自分が〈いのち〉そのものであること、しかもその〈いのち〉は与えられたものであること、そうした〈いのち〉を自分は生きていることについて、大人でも子どもでも、日常的な実感のレベルではほとんど気づいていないと言ってよい。「私」が生きている、というだけの単純で直接的な意識を持って毎日をやっているのが普通だからである。そして真面目な人であるなら、「私が私の責任で私なりに」生きているという、もう少し強い「私」の意識を持っていることも多いのではないだろうか。これが「主体性」に関する自己幻想に他ならない。私は以前、『意識としての自己』（一九九八年）において、このことを次のように述べてみている。[*2]

〈私〉としての意識、こだわりは、自分が自分自身の主人公である、という暗黙の前提を含んでいる。つまり、〈私〉は自分の内外の対象に対する意識や操作のすべてを生じさせ、統制するもの、という前提のうえでのこだわりなのである。……

しかし、このことは本当に自明のことなのであろうか。私自身の主人公は本当に私自身なのであろうか。たとえば一度、こういうふうに疑ってみてはどうであろう。「これをしてしまわなくてはとか、あれをなんとかしたい、といった思いが次々に頭をよぎっていくのだけれど、それを本当にそうさせているのは、はたして自分自身なのだろうか？　それとも、何か大きな力が自分に働きかけて、こういうさまざまの思いを自分の頭にもたらしているということはないであろうか？　さらに言えば、自分が考えている、願っている、意図している、というのは一種の幻想であって、本当は何かにそう思わせられているだけではないだろうか」といった疑いである。……

「主体性」に関する自己幻想は、非常に根強いものである。この問題については、一つの整理の仕方として、私という存在を基本的に意識世界を中心に考えているか、それとも身体的諸機能の全体を基本に考えているか、ということから考えてみてもいい。かつて私は、『自己意識の心理学（第2版）』（一九八八年）において、次のように述べてみたことがある。[*3]

これまで、多くの哲学者や心理学者の場合、自分自身を対象化し意識化するということとのかかわりにおいて、主我と客我の二分法が出てきているのである。つまり、自分自身を対象化しようとする時、どうしても対象化しきれない部分、すなわちその時その場で対象化しようと努めているなんらかの意識主体が存在することを認める。そして、対象化できる部分を客我とし、対象化する働きの背後にあってどうしても対象化できない部分を主我としたのである。

……これは、認識論的な文脈の中で、つまり人の全機能のうち特に認識ないし思考という機能に着目するという枠組みの中で出現した発想である。……

主我と客我とは、本来、次元の異なるものである。両者を、主体と客体であるからということで、あたかも対等の存在であるかのごとく扱うということは、論理的に言っても問題である。認識の機能に限って考えたとしても、客我として現れているものは、主我の認識機能によってもたらされた一つの現象でしかない。……

認識といった部分的機能ではなく、適応といった全体的機能を考えてみれば、主我というものの基本性格は、よりはっきりするであろう。一個の有機体として人が内外の諸条件への適応をはかっていこうとする時、その機能を担っているのはごく一部のものではない。認識をも含む多様な機能が統合的に動員され、適応という全体的機能として現れているのである。それ故、自分自身に関する認識は、それがたとえ適応を実現していくうえでどんなに重要な意味を持つものであろうとも、主我の発揮する統合的な機能の一部を担うにすぎないのである。……

われわれは、主我と客我との関係については、ここで述べた適応論的な、つまり行動論的な見方をしたい。主我は私そのものであり、たとえて言うならば、豊かな内実を持つ広大な山林原野である。その中のごく一部が切り開かれ、客我として自分自身に見えているにすぎないのである。

いずれにせよ、〈いのち〉の自覚とは、汐海さんのように、自分が生きている中で根強く染み込んでしまっている意識世界中心的（＝主我中心的）な自己幻想から目覚めることである。毎日を生きていくうえでの自己意識に関する基本的なパラダイムシフトが必要なのである。この自己幻想からの目覚めとは、結局のところ、全体的な身体性への気づきであり、先に述べたところで言うと認識論的自己観から適応論的自己観へのシフトである。ここでは、意識世界を中心とした自己観という意味での認識論的自己観から、身体に象徴される自分自身の全体的諸機能を基本にした自己観という意味での適応論的自己観への転換という言い方をしておくことにしよう。

ちなみに、認識論的自己観は、自分自身を自らの意識と行動の主人公と考え、すべての中心に自分を置く、という意味において天動説的な感覚に立つものと言ってよい。これに対してB型自己観は、自分自身に未だ気づかれていない自己の内部世界において自らの意識と行動がもたらされている場合が少なくない、という感覚に立つ。意識世界に現れている自分が必ずしもすべての主人公であるというわけではない、見かけ上の主人公と真の主人公とは必ずしも同一でないという前提を持つ、という意味において地動説的なものと言ってよいであろう。

3　適応論的（地動説的）自己観への転換がもたらすもの

現代日本の多くの人が通常やっているような天動説的な意識中心的自己観のままであるなら、自分自身をたとえば次のような形で意識しがちとなるであろう。

(1)〈主人公としてさまざまな働きかけを行う（主体性を持つ）〉私。
(2)〈頑張ればなんでもできる（全能感を持つ）〉私。
(3)〈いつまでもなんらかの形で残っていく（不滅である）〉私。

ヨーロッパのキリスト教の伝統思想において、「神の似姿」としての人間が語られがちであったのは、まさにこうした自己観がヨーロッパの文化伝統として強く存在する故である。もちろん、キリスト教の源流の一つとなったユダヤ教的（モーセ教的）思想として「神の似姿」という考え方がその最初期から存在してきたのであるが[*4]……。

いずれにせよ、地動説的B型自己観に転換するならば、自分自身のとらえ方は根本的に異なったものとなる。先にあげた天動説的自己観に見られがちな、自分自身が〈主体性を持つ〉〈全能である〉〈不滅の存在である〉といった意識は捨て去られ、〈生かされているもの〉としての私、といった意識にならざるをえなくなる。そしてたとえば、自分自身を何よりも次のような生理的ないし身体的な基盤を持つものとして意識するようになるのではないだろうか。

(a)〈食事し・消化吸収し・排泄し・食事し……〉の私。
(b)〈活動し・睡眠し・活動し・睡眠し……〉の私
(c)〈性に目覚め・パートナーを見つけ・生殖活動をし・子どもを持ち・子育てをし・子離れし……〉の私。
(d)〈誕生し・成長し・老化し・死を迎え……〉の私。

学生時代に師事した澤木興道老師が、提唱の際に「自分自身が糞袋（くそぶくろ）であることを認識せにゃならん」と言われていたのを思い出すが……。いずれにせよ、われわれの意識の世界（＝主体性の場）が、生理とか身体の機能として現れてくる大自然の力によって支えられていることの気づきである。

こうした〈生かされている〉自己という意識を持つことによって、さきほど列挙した基本的な自己観については、次のような形のものに変わっていかざるをえなくなるであろう。

(1)〈主人公としてさまざまな働きかけを行うよう誘（いざな）われている〉私。
(2)〈頑張ればなんでもできるという思いを与えられ支援されている〉私。
(3)〈いつまでもなんらかの形で残っていきたい、という強固な個体性の意識を与えられている〉私。

煎じ詰めれば、こうしたコペルニクス的転換によってはじめて、自分自身を一個の〈いのち〉として実感的に見ていくことができるようになる。このことは、結局のところ、自分自身が個体としての私を超えた大きな力によって生かされている、という内的感覚を持つことに他ならない。このことについては、本書の第5章において、やや詳しく述べたところである。

いずれにせよ、生きとし生けるものと深い地点で運命的につながっているということを踏まえた「生かされている」といった感覚、それにもとづくすべての〈いのち〉に対する共感、感情移入、共楽共苦の感覚がないなら、本当の〈いのち〉の教育は不可能ではないだろうか。

たとえば、「自分自身の〈いのち〉をかけがえのないものとして大事にしましょう、自分の〈いのち〉を粗末にしてはいけません」と教えていくのは、そう困難なことではない。しかし、「自分が自分自身の主人公である」「自分が自分の責任で生きている」という基本感覚がある限り、「自分自身で考え抜いた結果として、自分自身のかけがえのない〈いのち〉を自分自身の判断と責任において絶つ（自殺する）」といった方向へと気持ちが向かってしまった人に対して、なんらの歯止めもないことになる。やはりそこで、「あなたの〈いのち〉はあなた自身のものではない、あなたという存在自体、はじめから終わりまで大きな力によって生み出され支えられているのだ」ということを言っていかなければならないであろうし、「自分自身の〈いのち〉を絶つ（自殺する）などという考え方は、いくら困難な事情があろうとも、結局は逃げであるか思い上がりであるかでしかない」「どんなに辛い状況においても耐えて生き抜こうとする気持ちを持つことが、与えられ支えられているあなたの〈いのち〉に対する、あなた自身の意識世界の責任のとり方である」と説いていかなければならないであろう。

他の人に対する根本的な尊重の気持ち、どういう人に対しても持っているべき人間としての尊厳の感覚についても、同様である。「生かされている」という基本感覚に支えられた自他の共通に持つ運命を十分に認識した場合にのみ、人権についても、人間としての尊厳にしても、空虚な建前論でなく、実質的な言葉や行動となっていくのではないだろうか。人間以外の動物や植物などの〈いのち〉についても、基本的に同様であろう。

4　仏教の教えやイエスのメッセージの再認識を

仏教においては、伝統的に、あらゆる〈いのち〉を尊重すべきであることが説かれてきた。お釈迦さん自身が二五〇〇年前に説いたと伝えられる言葉（『ブッダの言葉』中村元訳）にも、次のようなフレーズがある（第一蛇の章の〔一四五〕〔一四九〕）。[*5]

〔一四五〕一切の生きとし生けるものは、幸福であれ、安穏であれ、安楽であれ。

〔一四九〕あたかも、母が己が独り子を命を賭けても護るように、そのように一切の生きとし生けるものどもに対しても、無量の（慈しみの）こころを起こすべし。

さらに言えば、親鸞に代表されるような絶対他力の信仰に生きる仏教徒は、「生かされて生きる」「催されて行う」という感覚で生きていこうとする。これはまさに、一切の〈いのち〉に対する慈悲という域を超え、自分自身が日常的にB型自己観を原理として生きていこうとする生き方に他ならないであろう。

また、二〇〇〇年前にイエス自身の説いたところにも生きとし生けるものすべてに対する共感が見られる。これは、ユダヤ教(モーセ教)的思想において、またヨーロッパのキリスト教において、大前提とされてきた「あらゆる動植物は人間の用に供されるために存在する」といったエゴイスティックな人間中心主義的考え方とは異質なものである。いずれにせよ、イエスのメッセージは次のようなものであった(『聖書』「マタイによる福音書」六章二五節〜)。[*6]

自分の命のことで何を食べようか何を飲もうかと、また自分の体のことで何を着ようかと思い悩むな。命は食べ物よりも大切であり、体は衣服よりも大切ではないか。空の鳥をよく見なさい。種も蒔かず、刈り入れもせず、倉に納めもしない。だが、あなたがたの天の父は鳥を養ってくださる。あなたがたは、鳥よりも価値あるものではないか。あなたがたのうちだれが、思い悩んだからといって、寿命をわずかでも延ばすことができようか。なぜ、衣服のことで思い悩むのか。野の花がどのように育つのか、注意して見なさい。働きもせず、紡ぎもしない。しかし、言っておく。栄華を極めたソロモンでさえ、この花の一つほどにも着飾ってはいなかった。……

大自然が個々の生命を育み支えているという事実に目を開き、そうした大自然の個々の生命に対する(=自分自身の〈いのち〉に対する)働きに大きな信頼を持って安心して生きていくべきだ、というメッセージであろう。イエスは、それまでのユダヤ教の基本思想に対して、いくつかの根本的な問題で「ノー」を突きつけた宗教改革者であったことは思い起こされていい。そして、現代のキリスト教においても、少なくとも最も純粋な部分においては、「モーセ教」的な思想、「パウロ教」的な思想と一線を画するものとして「イエス教」的思想が堅持されていること[*7]は注目されていいのではないだろうか。〈いのち〉の教育を本当の意味で進めていくうえで、私達は宗教的な伝統から深く学ばなければならない、と言ってよいであろう。もちろん、ここで宗教と言っているのは、どういう宗教団体に属するかとか、何を信心するのかといった宗派性を乗り越えた意味のものであることは言うまでもないが。

＊1　汐海治美『宙ぶらりんの月』風詠社（星雲社発売）、二〇〇九年。
＊2　梶田叡一『意識としての自己』金子書房、二六〜二七頁、一九九八年（本書二四〜二五頁）。
＊3　梶田叡一『自己意識の心理学（第2版）』東京大学出版会、四四〜四六頁、一九八八年（『自己意識論集Ⅰ　自己意識の心理学』東京書籍、五七〜五九頁、二〇二〇年）。
＊4　たとえば『旧約聖書』「創世記」第一章二六節では次のように述べられている。「神は言われた『我々にかたどり、我々に似せて、人を造ろう。そして海の魚、空の鳥、家畜、地の獣、地を這うものすべてを支配させよう』」（『聖書』新共同訳、日本聖書協会、旧二頁、一九九九年）。
＊5　『ブッダのことば――スッタニパータ』中村元訳、岩波文庫、三七〜三八頁、一九八四年。
＊6　『聖書』新共同訳、日本聖書協会、新一〇〜一一頁、一九九九年。
＊7　梶田叡一「カトリック教育の新たな展開――〈覚〉への出会いを目指して」『教育のプリズム（ノートルダム教育第三号）』二〇〇四年五月。

Ⅳ

〈私〉を問い直す

附章1　〈私〉をめぐる六つの問い――大阪大学大学院生との対話（一九九三年）

1　〈私〉が主体であるということの意味は

Q　〈私〉という実体は結局は存在しないのだ、〈私〉だと思っているものは単にその時その場での現象にすぎないのだ、と強調されているように受けとめたのですが、しかしそうした文章を読んでいる人が、今ここで、そういうことを含めて、いろいろと感じたり考えたりしているという事実があるだろうと思うのです。そこで、今ここで何かを感じたり考えたりしているのはいったい誰なんだろうかと振り返ってみると、結局はその主体として、それぞれの人にとっての〈私〉という存在を否定することはできないと思うのですが、どうでしょうか。つまり、やっぱり〈私〉という存在が厳然としてあって、その〈私〉が、「私なんか結局はないんじゃないか、単なる現象じゃないか」と考えている、ということではないかと思うのですが。

A

その通りです。日常的な意識のレベルで考えるならば、いろいろなことを感じたり考えたりしている主体は、間違いなく「私」なのです。ただここでは、主体であるということの意味をもっと深いレベルで考えてみたらどうなるのだろうか、言い換えるなら視点なり発想なりの基本を日常的なものから転換させて考えてみたらどうなるのだろうか、ということを述べようとしてきたわけです。つまり、この文章を読んでいただき、それに触発されて何かを考える、ということが誰かに生じているとした場合、その誰かが、そこで読んだり考えたりしているという行為の主体であるといちおうは考えていいのですが、別の視点からすると、その誰かとこの文章との出会いを何者かが準備し、この文章を読み続けることのできる興味と理解力の持続を何者かが準備し、この文章から何かを考えるという方向にその誰かの頭の活動の内容を何者かが方向づけている、とも考えられるのではないかということです。この何者かを偶然と呼んでもいいし、大自然の摂理と呼んでもいいし、一般者と呼んでもいいし、あるいは仮に想定された主体と呼んでもいいでしょう。つまりは、日常的な場においてはたしかに主体としての〈私〉が厳然として存在する、と考えていいのだけれど、その主体としての性格自体は一つの現象的な現れにすぎないのではないかということなのです。

もう一度こういうことを考えてみましょう。われわれは自分のその時その場での感じや考えを、必ずしもそのままの形で受けとめているわけではないのです。自分の感じや考えを含め自分自身の気づきとして与えられているものをどう受けとめるか、という基本的な枠組みがすでにわれわれにはあって、そこにまたいろいろな感情的こだわりがまとわりついているのです。繰り返しになりますが、たとえば花を見て「きれいだな!」と感じるとすると、すぐにその感じを述語的に整理して「きれいな花がある」

と意識化し言葉化してしまうわけです。そして多くの場合さらに進んで、その述語的意識に対して暗黙のうちに主語を想定してしまうことになるのです。「私が、そのきれいな花を見ている」といったふうにです。しかし根本的な事実は、「きれいな花」とか「私が見ている」などという意識を抜きにして、花を目にした途端「アア！」とか「オオ！」といった強い感情が（いくらきれいでも相手が花ではそこまで強い感情にはならないかもしれませんが）流れたということではないでしょうか。そうした出会いが生じたのも、そうした感情が流れるのも、それを「きれいな花」と意識化し言語化するのも、それを見ているのは〈私〉だと判断するのも、必ずしも〈私〉の意図や意志によるものではないのです。つまり〈私〉自身が自前のものとして持っている力によるものでは必ずしもないと考えられるのです。だとしたら、根本的な意味で〈私〉をここでの経験の主体として考えることができるのだろうか、ということにはならないでしょうか。

2　ユングの言う集合的無意識と一般者との関係について

Q　〈私〉という個別的な存在を成り立たせている大きな存在として一般者ということを述べられたように思うのですが、それはユングの言った集合的無意識のことと関係するのでしょうか。ユングの場合も、一人ひとりの個別的な意識の世界を深いところで支えている無意識的な共通基盤があって、それは個人の別にかかわりのないもの、個人の意識の世界を通底しているものである、というように言っていると思うのですが、そうすると、ここで述べられている一般者とは、結局は集合的無意識のことになるのでしょうか。

A いや、両者は少し発想の基盤が違うと思うのです。ここで言う一般者の考えは、あくまで個々人という個別的存在は仮のものであって、もっと大きな全体的な存在（これを一般者と呼んだわけですが）の部分的現象的な現れとして見よう、ということでした。これに対してユングの場合には、個別的存在としての個人というものがまずあって、その一人ひとりの意識の底を訪ねてみると、他の人達と通底する世界が、さらには他の時代や文化とも通底する世界がある、それがたとえば具体的には夢や神話におけるシンボルの共通性として現れてくる、というものだったと考えています。そうすると、人の個別性を最初に考えるか（ユングの場合）、それとも最後に考えるか（一般者の想定）、という点で発想の基本が違うと思うのです。ただ、一人ひとりは別々に考えていると思っていたのに、ある大きな力によって、ある共通な形で考えさせられていたのだ、という事実を重視する点では、両者の間に深い関連があると言ってもいいかもしれません。もちろん、ユング学派の人であるなら、一般者だとか大自然だとか神という形で、個別的な存在としての自分自身を超えた大きな何かを想定してみたくなる、ということ自体が、古今東西を通じての一般的な集合的無意識の典型的な現れである、と言うかもしれませんが。

3 〈私〉という現象と社会的な意味での個人および基本的人権の問題について

Q 〈私〉というものは「嗚嗚」という現象的かかわりの中でしか存在しないという話だったと思うのですが、もしもそうであるとすると、どうして誰もが他の人を独立した〈私〉という個人として考え、社会的にも個々人を独立した〈私〉としてその基本的人権を尊重すると同時に、さまざまな権利義務の主体として扱うのでしょうか。

A 一人ひとりが独立不可侵の〈私〉であるということを前提として社会的な関係を組み立て、そうした関係の中において個々人が自分自身の言動を責任を持って統制する、というのが、たしかに近代市民社会における大前提でしょう。そこでの最終的な単位は、言うまでもなく自立した〈私〉としての個人です。しかし、視点を変えてみれば、そうした社会的関係自体がここで述べてきた現象的関係の場、「嗚嗚」の場、であると考えることはできないでしょうか。つまり、そうした社会的かかわりの中において〈私〉という意識が成立していく、と考えていいのではないでしょうか。言い換えるなら、独立不可侵の〈私〉が厳然として存在するからこそこのような形での社会的関係が組み立てられているのではなく、逆に、そうした前提に立つ社会的な関係の中で個々人が成育し、教育され、そしてそうした関係の中で割り当てられた一定の位置・役割に従って発言し行動していくようになる、ということによって、独立不可侵の〈私〉、その意味において自立した個人、という意識が生じていく、と考えた方がいいのではないでしょうか。
もちろん、独立不可侵の〈私〉、権利義務の主体としての〈私〉という意識は、社会的関係の中で形成されていくだけのものではありません。一人ひとりの心理的世界のあり方それ自体に基礎を持つ部分もあります。ここではヤスパースの考え方を紹介しながら述べてみたわけですが、アイデンティティの感覚など心理的な基盤を持つものとして最も特徴的なものでしょう。

4 現象的な〈私〉と個人としての「救い」の問題について

Q たとえばキリスト教でも仏教でも、それぞれの人がその人自身として、つまりその個人としての存在自体として救われる、という教えの構造を持っていると思うのですが、主体としての〈私〉が現象的なものでしかないとしたら、そうした個々人の「救い」という問題は、どのように考えられるのでしょうか。「救い」などということは、現象的な〈私〉が持つ一つの幻想でしかないのでしょうか。

A たとえばキリスト教の教えの土台を作ったと言われるパウロは、神の子であるイエス・キリストが全人類のために十字架の上で死んでくれた、その償いによって一人ひとりが救われたんだ、といった論理を展開します。こうした発想なり論理なりが正しいとか間違いであるとか言うつもりは全くありません。それぞれの人にとって〈私〉という主体は究極のところではないのだ、ということは、パウロ的な救いの論理と、いわば次元の違うところでの話なのです。パウロの言ったことが正しいかどうか、それはどのような基準によって判断されるのか、ということは、もちろん問題にしてもいいのですが、ここでの見方からすると、そうした問題は本来どうでもよくなるのです。つまり、われわれはキリストの死によって救われていてもいいし、救われていなくてもいい、ということです。それよりもパウロがローマに赴く道の途中で、十字架で死んだはずのイエス・キリストと出会い、キリスト教の迫害者から宣教者へと劇的に変わってしまう、そして「もはや自分が生きているのではない、キリストであるイエスが自分において生きているのだ」という認識を持つにいたる、ということの方が宗教的な救いという意味ではずっと大切だろうと思います。

　このことは実は、「救い」と呼ばれているものの本質的な意味にかかわっています。ある個人がその存在そのものとして救済される、という意味での「救い」が一方にあるでしょう。キリストの死によって一人ひとりが贖(あがな)われたのだという事実そのものを強調する場合の「救い」もその一つの例です。それに対して、ある認識の転換、イメージの転換、内面世界の転換が生じ、それによってその人がそれまでの自縄自縛から解放され、生きていくことの意味づけが喜びに満ちた充実したものへと変わる、という意味での「救い」があります。「あなたはキリストの死によってすでに贖われているのだ」ということを知らされることによって自分自身の生きていくことの意味づけが根本的に変わってしまうということがあるとすると、それがこれに当たるのでしょうか。第1章で述べてきたように、〈私〉個人という存在そのものが結局は一人ひとりの責任の及ばぬところ、その運命を究極的には左右できないところにあります。したがって存在自体として救われるのはありがたいことであるにしても、〈私〉自身にとっては救われていようが救われていまいが知ったことではない、つまり本来かかわりがないと言ってもよいのです。したがって、「救い」ということに関しては、ある認識に達することによって内的に解放され、内面世界に喜びと充実と躍動がもたらされる、といった後者の意味でのものの方がずっと大切ではないかと思うのです。

親鸞も、実は同様な考え方をしていたようです。念仏をすることによって救われ、極楽浄土に行ける、という教えが当時の浄土思想の最も一般的な形だったわけです。しかし親鸞は「自分は念仏することによって極楽に行くのか地獄に行くのかは知らない、自分の師匠である法然にそう教えられたから念仏しているのだ、結局は師匠・法然に騙されたのだとしてもそれでいいのではないか」と言い切るのです。念仏という行為がありさえすれば救われる、と言われてその通りに念仏し、それだけで救われたような気持ちになるなら、それでいいでしょう。しかし親鸞は、弟子に対して、「自分は念仏をしていても歓喜の思いが湧いてこないのだ」という述懐もしています。存在自体としての救いという考え方であるなら、念仏をしたからもう自分は救われたのだ、としてもいいのですが、親鸞の場合にはそう考えていないのです。念仏をするということ自体が「救い」なのであって、「念仏する機会を恵んでいただき、ここで念仏する気にさせていただいた大きな力のはからいに対する感謝の気持ちとして念仏するのだ」とも述べています。

こうした視点から考えると、たとえばカトリック教会では洗礼を受けることを「救い」のための条件として重視し、瀕死の病人が意識を失っている時でも洗礼を授けさえすればその魂は救われる、と教えてきたわけですが、そういう意味での「救い」は、少なくともその本人にとっては、あってもいいし、なくてもいいことと言えるのではないでしょうか。

私自身のことを言いますと、実は二〇歳か二一歳の頃に、このことにはっと気づきました。いわば私自身にとっての目覚めだったように思います。私の知らないところで、あるいは私にピンとこないような形で、私の「救い」とか「地獄行き」とかが決まるとしても、それは私にとってあずかり知らぬことだ、という認識です。私自身に対して開示されている世界の中でのできごと以外、私自身としては責任の取りようがない、という認識だったと言ってもいいでしょう。自分にはよく分からないけれど何かをすることによってなんらかの形で「存在としての救い」がある、ということを信じ込むのが信仰であるとするなら、私にはそういったタイプの信仰は無関係だ、ということでもあります。そういう信仰（無責任な自己逃避だと当時考えておりましたが）ではなくて、私自身の認識世界が根本的に変わる、私自身に新たな意味感が充満してくる、といった形で私自身に開示された世界そのものが変革される（〈私への〉狭隘なこだわりからの解放を含めて）ことが本当の「救い」ではないか、といった認識をこの頃から持つようになったということです。いずれにせよ、私が述べてきたことの基礎は、実はこうした私自身の若い日の拙い気づきにあると言ってもいいと思うのです。

ついでに言いますと、「救い」といった教理の基本となる点について長い年月にわたり厳格な立場を取ってきたカトリック教会が、最近の第二回バチカン公会議によって公的立場を柔軟なものとし、カトリックの教理、キリスト教の教理のみを唯一の真理とするのではなく、イスラム教や仏教等々、異質の教理を持つ「すべての善意の人」と手を携えていくことを宣言しています。これはキリスト教的な意味における「存在そのものとしての救い」という発想を少なくとも他の宗教・宗派の人達には押しつけない、ということを意味しているのではないかと思います。いずれにせよ、最近のカトリック教会の公的態度は、宗教的教理を安易に「真理」としてしまうことへの警告ともなるのではないでしょうか。

とはいえ、〈私〉が（教えられた通りの）善行を積んでいくことによって、死後に、あるいは生前においても幸福を得る、という根強い宗教的発想は未だ広く見られるところです。宗教が人々を引きつけるとしたら、案外このあたりが大きな要素になっているのかもしれません。〈私〉にこだわり、〈私〉の存在と利益を発想の原点とする場合には、宗教的な「救い」もまた、このような形で表現されざるをえないのかもしれません。

繰り返すようですが、われわれが何かを認識し、あるいは何かをイメージすることによって内面世界でのさまざまなこだわりが深いところで整理され、それまでの自縄自縛から解放され、満足し安心し、新たな意味の感覚で満たされる、ということがあります。これがあなたの考えておられる意味での宗教的な「救い」に当たるかどうかは別として、われわれ一人ひとりにとって非常に重要な問題であることは確かでしょう。「救い」ということで、われわれはむしろ、こうしたことの方を考えたいと思うのです。

5　位置づけのアイデンティティと宣言としてのアイデンティティをめぐって

Q　アイデンティティの問題を〈公理系〉と社会的ラベルづけの二つで考えようという話もあったと思うのですが、それはいわゆる「位置づけのアイデンティティ」の場合にも、「宣言としてのアイデンティティ」の場合にも可能なのでしょうか。もし可能であるとするならば、〈公理系〉と社会的ラベルづけのそれぞれが、二つのタイプのアイデンティティとどのようにかかわってくるとお考えでしょうか。

A アイデンティティということで、たしかに、「位置づけのアイデンティティ」と「宣言としてのアイデンティティ」とを区別する場合がありますし、そうした区別そのものには私は賛成です。この区別になじみのない人のために、まず少しだけそれぞれについて説明をしておきますと、前者は自分に対して貼りつけられた社会的ラベルに関する周囲の期待などによって形成された受動的なもの、後者は自分に対する自分自身の欲求や願望、意志などの現れとしての能動的なもの、として考えてよいでしょう。いつも同じような例を出すようですが、子どもを二人持った女性がいて、勤めている会社では一つのプロジェクトのリーダーとして何人かの部下を率いて仕事をしているとします。そういう場合、日本の社会ではまだ、「位置づけのアイデンティティ」としては「母親」であるということの方を重視しがちだと思います。だから、勤めも大切だけれど、子どものことはどうしているのだろう、という発想でその人のことを見がちではないでしょうか。当人も、そうした周囲の目を常に感じ取っているでしょうから、自分のことをまず「母親」として考え、子どものことを何よりもまず優先させて、そのうえで「プロジェクト・リーダー」として会社での仕事のことを考えるということになりがちです。そういう場合には、「位置づけのアイデンティティ」と「宣言としてのアイデンティティ」が基本的に一致するわけですから問題はありません。問題となるのは、当人が自分を何よりもまず「プロジェクト・リーダー」として考えたい、とする場合です。その場合には、子どものことはホームヘルパーに頼んだりしてでも、会社の仕事の方を優先させる、ということが起こってくるでしょう。そうすると、近所の人や親戚の人から見ると、あの人は自分のなすべきことをきちんとやっていない、ということになりかねません。しかし当人からすれば、自分は自分のやるべきことをきちんとやっているのであり、近所の人や親戚の人はそれを理解しようとしてくれない、ということになります。現代のように一人の人が複数の重要な社会的役割を背負うということが普通になり、しかも社会的価値観が多様化しているという場合、さらには自分のことは自分の気が済むように自分で決めていきたいという気風が強くなっている（このこと自体は歓迎すべきことであると考えていますが）場合には、こうした形での食い違いがどうしても生じがちになります。

このようにアイデンティティを当人にとって受動的な性格のものと能動的な性格のものに分けて考えることには有効性があると思うのですが、ここで述べてきたところとの関係から言うと、社会的ラベルづけとの関連がいずれの場合にも表に出てくるだろうと思います。ただし、それぞれのアイデンティティによって、社会的ラベルづけとのかかわり方は異なります。「位置づけのアイデンティティ」の場合には、社会的ラベルづけがそのままの形でその人のアイデンティティとなってくるでしょうし、「宣言としてのアイデンティティ」の場合には、社会的なラベルが自分自身の本当にやりたいこととの関係で自分なりに吟味検討していくべき条件として現れてくる、ということになるでしょう。〈公理系〉との関係は、二つのアイデンティティのいずれの場合にも、直接的な形ではありません。しかし、暗黙の大前提としては「位置づけのアイデンティティ」の背後にある、と考えてよいでしょうし、また「宣言としてのアイデンティティ」の場合には、自分自身を他ならぬ何者として宣言するか、ということの背後にやはり、こうした〈公理系〉としての自己意識の枠組みが存在する、と言ってよいのではないでしょうか。どちらかと言えば、「宣言としてのアイデンティティ」の場合の方が、自分自身のあり方を規定しているものとしての社会的ラベルも〈公理系〉も意識化されやすい、ということは言えると思います。

6 「内面世界」「一人旅」ということについて

Q われわれには「内面世界」しかないのだ、だから基本的にわれわれは一人旅なんだ、ということを強調されたように受けとったのですが、それでは結局われわれの外部の世界をどう考えたらいいのでしょうか。つまり、皆といっしょに協力して何かを作り上げ、世界の複雑なシステムを互いの働きによって動かしているという現実は、結局はどうなるのでしょうか。夢幻の世界でのできごと、ということになるのでしょうか。

A このあたりのことは本文の中でもふれたつもりですが、不十分だったのかもしれませんので、繰り返しになるかもしれませんが、もう一度述べておきたいと思います。まず、われわれには「内面世界」しかないのだと強調してきたのは、われわれの外部の世界（だとわれわれが考えてきたもの）も、われわれ自身の五官によってとらえられ、われわれの脳によってその情報が整理され意味づけられたものなんだ、ということなのです。つまり内面世界と外部の世界とがあるわけではないのです。

ただ、他の人を見る場合には、われわれはその人の内面世界とその人にとっての外部の世界とを区別せざるをえません。その人が感じ取り見て取っている世界がその人にとっての内面世界であり、その外に広がっている世界が外部の世界ということになります。この場合、私の視点はあたかも神の視座にあるかのように想定されているわけですが、実際には誰か他の人にとっての内面世界といっても私によって想定されたものなわけですし、その人にとっての外部の世界といっても私が見ている世界のことをそう言っているにすぎないわけです。われわれは誰にも共通の世界（〈皆の世界〉）を、誰もが同じように生きているのだ、と考えがちなわけですが、それは各人の内面世界にそう映っているというだけのことです。誰にも共通の意識のスクリーンはないのです。一人ひとりが銘々持ちの意識のスクリーンにそれぞれの世界の映像を映し出しているのです。もちろん、銘々持ちのスクリーンが基礎になっているといっても協力協働は可能です。互いの間に多少の行き違いはあるものの、大事な情報についてコミュニケーションしていくルールを互いに確認していけば大丈夫です。ただそれにしても、単なる情報でなく、それぞれの人の経験や願いなどによって意味づけられていくようなことがらについては、協力協働の中においても同床異夢にならざるをえません。こうして考えていくと、やはり人間、基本的には一人旅だと思いませんか。恋人同士や夫婦であっても、それぞれが別の意識のスクリーンに自分の世界を映し出しているのですよ。共通同時の歓喜があったとしても、それは各自のスクリーンに同時に（しかし別々に）歓喜が映ったということにすぎません（それに同じ歓喜のように思えても中身はきっと違っているでしょう）。たとえ愛し合っている同士でも、相手の旅を自分で代わって旅してあげるわけにいかないのです。

＊本稿は、一九九三年秋、大阪大学大学院での一連の講義終了後に受講者の質疑応答を整理し、院生諸君に配布したもの。

附章2　アイデンティティの形成と探究をめぐって——問題提起と討論（一九九七年）

1　〈私〉という思いの根拠となる意識のあり方

私達は、自分が確固とした固有の存在なんだ、と思って毎日を生きています。そして無意識のうちにいろんな場面で、〈私〉とか〈自分〉ということにこだわっているわけです。この根拠となる〈私は私なんだ〉〈自分は他ならぬ〇〇なんだ〉という意識、これをいちおう広い意味でのアイデンティティと呼んでおきたいと思います。ここでは少し、こうしたアイデンティティはどのように形成されていくのだろうか、そこにはどのような心理的土台があるのだろうか、ということを考えてみたいと思います。

私達は誰でも〈私は一貫して私である〉という素朴な思い込みを持っていますが、こうした思い込みを持つということについては、私達の意識のあり方自体に、その基本形式として、いくつかの理由があると考えられます。

たとえば、私達の頭の中で、自分についての記憶がずっとつながって、積み重なってきています。前にこうであって、今はこうで、というふうに意識がつながっているから、私という存在は時間的に一貫した確固としたものと思うのです。さらには、家で自分は、学校で自分は、どこどこで自分はと、場所は違っていても自分のそれぞれの場での体験や行動を、私達の頭の中の記憶として整理して持っています。つまり時間と空間を越えて、自分についての記憶の累積と統合があるのです。だからこそ、〈私は一貫して私である〉という実感が持てるのではないでしょうか。

それだけでなく、私達は他人には見せない自分だけの（内面）世界を持っています。私達は誰も、自分だけの世界の中で、自分自身と対話をしています。そして、自分の言動に意味づけをし、自分自身に脚色を施し、自分にまつわる物語を自分自身で紡ぎ出している、というところがあるのです。そういう中で、自分は本当はこうだけれども、あの人にはこう見てほしい、世間の人達にはこう見てほしい、ということを考えたりもします。つまり私達は外面（的表出）と区別された内面（でのつぶやき）の世界を意識しているのです。そういう内面のプライベートな世界、内面世界こそ、〈私が一貫して私である〉ということの根拠として感じられているのではないでしょうか。

そういういくつかの条件が意識の基本的なあり方としてあるわけです。だから私達は〈自分というものは確固として自分である〉という気持ちを、どうしても持ってしまうわけです。もちろん、〈自分が本当に一貫して自分である〉〈自分は独立の主体として確固として存在する〉といった点について、揺るぎようがない確固とした根拠があるのかというと、本当は根本的な疑問があるのです。見方を変えて考えてみると、こうした思い込みは全部打ち破られてしまうのです。

2　主体としての私を疑う

たとえば、私がこうやってしゃべっています。だけども、本当に私という主体が確固として存在して、それが自分の責任でしゃべっているのかどうかです。私は実際には、次にどういう言葉を紡ぎ出していこうということも考えないでしゃべっています。しゃべろうという気持ちはあるけれど、具体的な中身、具体的な言葉は、いわば自動的に紡ぎ出されているわけです。その自動的に紡ぎ出されている言葉の流れを支えているのは何かというと、大脳中枢でしょう。そして、それがイメージとかアイディアとかを紡ぎ出して、それに合うよう声帯をコントロールしているわけです。それと同時に、しゃべった結果なり効果なりのフィードバックを、分かっているかどうかとか、通じているかどうかとかを受けとめながら、またイメージやアイディアを紡ぎ出し、言葉を紡ぎ出し、声帯をコントロールしているわけですよね。でもこれ、自分でそんな細かいところまでやろうと思ってやっているわけではないのです。細かいことは全部いわば自動的に行われています。しかも、それをやっている大脳中枢も声帯も、自分が作ったものじゃありません。私自身にとっては一つの与件、私に与えられている生理的な装置です。

そんなことを思うと、私達は「私が何々をしている」という形で、〈私〉を主語に置いていろいろと考えがちだけれども、実は本当に主語として〈私〉を置けるかどうか、あまりはっきりとしないわけですね。むしろ、親鸞が言う「催されて行う」という見方の方が当たっているのかもしれません。つまり〈私〉と呼ばれている身体の上で、あるいは場において、いろいろな力が絡まりあって、仮に〈私〉と呼ばれている一つのまとまった現象がもたらされている、と言った方がいいのかもしれません。だから、〈私〉は、仮の主語にはなるだろうけれど本当の主語として考えてよいかどうかは疑問なのです。

こういうふうに、つきつめて考えると〈私〉という存在は曖昧になります。本当に一個の連続した人格なのかどうかもはっきりしないし、〈私〉は確固とした独立の実在かどうかも疑問だし、〈私〉が主体であって、能動性の根源になっているという点も明らかではない。だけども、現に一人ひとり自分自身のアイデンティティを、〈私は私である〉〈私は○○である〉という確固とした意識を、持っているわけです。そして、私が何々をするとか、私の責任で何々をどう処理するとか、そういう主体としての思いなり意識なりを持っているわけです。どのような形でそれが形成されていくのか、それぞれの段階でそうした思いなり意識なりを支えているものはいったい何であろうか、というのが、ここでの問題になるのです。

3　アイデンティティ形成の社会的側面

先にもふれましたように、意識のあり方そのものの中に、そういう構造があるという点が一つありますが、もう一つ、私達の周囲の人間関係、社会的関係の中でそういう意識のあり方が形作られざるをえない、という事情もあります。これまで多くの社会学者や社会心理学者は、この後者の点について、自我の社会性とかアイデンティティの社会的形成ということで、強調してきました。

私達は基本的に社会的動物です。他の人との関係、社会というムレの中での生活を抜きにして生存することはできません。こうした社会的な関係の中で、〈私が一貫して私である〉ことを余儀なくされている、という面があるのです。

私達は一人ひとり固有の名前を与えられ、独立した責任ある人格として、社会的にやっていくことを期待されています。そして私達の名前には社会的な位置づけや役割に関するさまざまなラベルが固く付着しており、それに符合する形で周囲から一定の言動を期待され、その期待に私達が応えているかどうか常に厳しくチェックされています。これは、社会的立場とそれにともなう責任、という形で私達を縛っており、〈私は一貫して私である〉ことを余儀なくさせていると言ってよいでしょう。

その一番素朴な側面として、自分に固有な名前と周囲の人からの一貫した扱い、というところから考えてみることにしましょう。

アイデンティティの形成においてはニューカム（Newcomb, T. M.）も非常に強調するように、周囲の人達から一貫して同じように扱われるということが大きな意味を持つことになります。たとえば、私達は誰も、「何々ちゃん」と固有の名前で呼ばれます。違う人でも、違う場所でも、自分を同じ名前で呼んでくれます。そして、周囲の人達は自分を、基本的に同じような形で扱ってくれます。家族や友人など自分をよく知っている人達は、「あなたは何々なんだから」という形で、いつも自分の名前とある属性や特性を結びつけたような形で、一貫した扱いをしてくれるのです。

もちろん私達は、家族や友人、知人といった親しい顔にいつでも囲まれているわけではありません。世間というものがあります。世の中に出ていくと、新しい顔に毎日のように出会います。しかも、その場だけの人間関係というものも結ばなくてはなりません。ゲマインシャフトとゲゼルシャフトという区別をすることがありますが、親しい家族や友人といった一次集団の中でアイデンティティを持つという話と、その範囲を超えてもっと広い世間で、広い社会で、二次集団の中でアイデンティティを持つという話とを分けて考えておいた方がいいと思うのです。

4　社会的な位置や役割によるラベル

世の中との関係でアイデンティティを持つという場合、とても大事になってくるのが、社会的役割や立場です。誰もが自分の役割や立場を、周囲から期待されている通りに遂行していかないと、世の中でやっていくことはできません。役割や立場というのは、言い換えると、社会的なラベルとかレッテルのことと言ってもいいでしょう。幼稚園に行くと、「もう赤ちゃんじゃないんだから、幼稚園児なんだから」と、親や周囲から新しいラベルを貼りつけられます。小学校に行くと同様に、「もう小学生なんだから」と言われて、以前よりしっかりした言動をとることを求められます。大きくなって学校を卒業して就職をすると、「もう社会人なんだから」と言われて、社会的な権利・義務の点で、まさに一人前の人間として責任ある言動をとることを求められます。弁護士や会計士などの社会的資格を取っても、課長や部長などの管理職になっても、同様に、そのラベルにふさわしい自覚を持ってやっていくことを期待され、要求されます。

日本では顔かたちで人を区別できないから、見ただけでその人の社会的なラベルが何か分かりません。ペルーなんかに行くと、ごく少数の特権階級の人というのはヨーロッパ系の白人の顔をしているわけです。そして圧倒的多数の庶民はわれわれと同じ顔つきのモンゴロイド系のインディヘナ（私はリマの街中で何度かインディヘナと間違われました）です。この他にアフリカ系の黒人の血が入った人もいます。興味深い点ですが、ペルーではインディヘナより黒人の方が階層的にちょっと上、というラベルの貼り方なのです。五〇〇年前からスペインが侵略したわけですが、はじめは金と奴隷の獲得が目標だったのです。ところが、先住民であるインディヘナを次々に奴隷にしていったら、何千万人が死んでしまった。そこで、アフリカから黒人を連れてきた。インディヘナは外で、鉱山や大農場で働かされたのに対して、黒人は伝統的に家のご主人の身のまわりのこととか、家の仕事をさせた、と言われます。だから、白人と黒人というのは伝統的にある意味での連帯関係がある、このためインディヘナより黒人の方が社会階層的には上に位置づけられる、と言われます。いずれにせよ、顔かたちで、あれはなんとかだというラベルの貼り方がされて、それに応じて世の中の扱いが変わってくる。アパルトヘイトというのはもう世界中でなくなったはずなんですけれども、リマ郊外の海岸では、このあたりは上の階層の人達の海水浴場、こっちからずっと庶民の海水浴場と、きちんとした棲み分けがされているのです。

社会的な役割とか立場には、世の中での機能にかかわるもの（社会の機能的な役割分化にともなうもの）もあれば、年齢とか発達段階上の位置づけに関するものもあります。あるいは人種や階層の点での区別にともなうものもあります。社会的アイデンティティというと、好き嫌いは別として、そういう多様なラベルを外側から貼りつけられ、そういう目で見られるわけです。そういうラベルによって、「私は何々なんだな」と考えるわけです。そうすると「何々らしく」ふるまわないといけないことになります。たとえば男は男らしく、女は女らしく、大学生は大学生らしく、日本人は日本人らしくとか、それぞれの人なりにいろいろな期待を外からも押しつけられることになるわけです。だから会社に入れば、その会社の一員であることを自覚してそこの社員らしくふるまわなくてはならないわけですし、そのうえに、平社員は平社員らしく、係長は係長らしく、課長は課長らしく、社長は社長らしくとか、いろいろ考えていかねばならなくなります。こういうふうに、一人ひとりが社会的な役割や立場ということでラベルを貼られて、そのラベルにふさわしくやっていこうとしているわけです。

5　社会的ラベルによるアイデンティティと対人関係

そのことが実は、さっき言った「周囲の人からの一貫した扱い」ということとも裏腹になっているのです。家族や友人の間であれば、「一貫した扱い」といっても、基本的にはその人個人に対応したものですし、レッテルを貼りつけてそれに対応した期待をするとしても性格とか長幼だとか男女に関するものくらいでしかありません。ところが、いわゆる第二次集団に入っていきますと、そこでの位置や役割に応じたきわめて多様なレッテルを貼られて、やっていくことになります。しかもそれが、外からの期待を押しつけられるというだけでなく、自分の内側でも、意識世界の中で自分にかかわることがらを吟味検討しながら、また時には自分に関する記憶をネタにしながら、自分自身と対話するわけです。「私は〇〇なんだから、こうしなくちゃいけない」とか、「私は〇〇なんだけれど、いったいどうしたらいいんだろうか。これでいいんだろうか」とか、いろいろ対話するわけです。そういう場合にも、「肩書き」で象徴されるような社会的立場（位置や役割）が、結局は非常に大きな要素となっています。このように社会的に与えられたラベルが中心となってアイデンティティが構成されている場合を第二段階、社会的段階と考えています。こうした「社会的ラベルが最重要事」という段階に、実際には大半の人が属しているわけですし、これで一生を送る人も多いと言ってよいでしょう。たとえば初対面の人同士が名刺を交換し合って、お互いを確認し、つまり社会的アイデンティティを確認し、お互いその立場でつき合う、というのが社会的なつき合いの仕方ですよね。社会的段階でのアイデンティティの持ち方として典型的な場面です。

しかし、そうすると非常に困ったことになるのは、たとえば大会社が倒産した、というような場合の社員とその家族です。自分達のアイデンティティの中心をその大会社に託していたわけです。「自分は○○の社員である」「○○の社員の家族である」ということが自分を支えるプライドの源泉だったでしょうし、自分の行動様式・生活様式としても「○○の社員（の家族）として恥ずかしくないように」ということだったでしょう。さらに役職者の場合には、「○○の課長」「○○の部長」「○○の取締役」という名刺を出すだけで、どこに行っても扱いが違う、ということだったわけです。ところが倒産したら、社員皆が裸で社会に放り出されるわけです。経済的なこと以上に、心理的なプライドや自信、さらには自分の言動の基準がなくなってしまうということが大変だろうと思います。大きな組織の中で確固とした立場を与えられ、そういうラベルを貼りつけられ、そのラベルで自分を支えてきた、そのラベルで自分の生活様式を作ってきた、ところが倒産でラベルが一挙にはがされてしまったわけです。そうすると「これからどうしたらいいのか、ローンだけ残ったけど私はいったいなんだろう」という話になるでしょう。これはもう深刻な話になります。実は、日本でのアイデンティティ論というのは、いやアメリカなどでも、ほとんどこの段階でアイデンティティの話は終わってしまいます。

6　主体的段階のアイデンティティとは

しかしながら、もう一つ、第三段階でのアイデンティティを考えておかなくてはなりません。それがここで主体的段階のアイデンティティと呼んでいるものです。

社会的段階のアイデンティティの場合には、社会的役割や立場、それにともなって社会的に貼り付けられたラベルが大きな問題になります。しかし、主体的なアイデンティティの段階になると、自分で自分にどういう意味づけを与えるかということが大きな問題になります。さらに言えば、社会的な段階では何よりもまず外から貼りつけられるラベルが問題になるわけですから、「位置づけのアイデンティティ」という面がどうしても強くならざるをえません。しかし主体的段階になりますと、自分で自分の意味づけをどうするか、ということが大きな問題になりますから、「自分は〇〇だ」ということの中身とまわりから貼りつけられるラベルとが、そぐわなかったり矛盾したりしてくることもあるでしょう。したがって時には、「本当の私とは〇〇なんです」と周囲に対して主張する「宣言としてのアイデンティティ」という面が強く出てくることになります。

社会的段階のアイデンティティの根拠が基本的には役割・立場というラベルだったのに対して、主体的段階になりますと、自分でつかんだ実感・納得・本音としての意味が根拠となります。これは、自分の中に感じ取る意味感と言ってもいいでしょう。そうした意味感というのは、究極的には、自分自身の本然的なものとの接触から生じてきます。いわば自分の実感で、自分の納得で、自分の本音で、自分自身をどのように思えるか、というあたりが一番の土台になるわけです。だからこそ社会的な立場やラベルと食い違ってくることがあるのです。

たとえば高い社会的地位にある人が生きていく意欲を失って自殺する、ということがあります。そうしたニュースに接すると、「あんなに偉くてお金もあって、周囲から敬意を払われているのだから、自信とプライドを持って生きていくのが当然なのに、どうして?」と話し合ったりすることもあるわけですが、アイデンティティの主体的根拠があったのかどうか、ということから考えていけば仕方ないことだったのかもしれません。これとは逆に、インドのカースト制で一番下のアンタッチャブルに位置づけられている人であったとしても、よくよく考えて、「私は他の人と同じ人間なんだ、他の人と同じ尊厳を持つんだ」ということに目覚め、そうした実感を持てるようになるならば、外側からはどのような目で見られようと、自分を卑下することなく胸を張って生きていくことが可能になるわけです。自分が外側から価値づけの低いラベルを貼りつけられているとしても、それはここでの単なる社会的約束事にすぎないのであって、私自身がその通りに考えて卑下したり遠慮がちにふるまったりする必要はない、ということになるからです。

7　位置づけのアイデンティティからの脱却

こういう主体的段階のアイデンティティが形成されてくるならば、自分に貼りつけられた社会的ラベルには必ずしもとらわれないで、「自分は本当はこうなんだ」「自分は本来こういうものでなくてはならない」という自分なりの思いでもってやっていくことになるでしょう。これがさらに進めば、むしろ社会的なラベルの方が間違いである、だからそれをひっくり返そう、ということになるはずです。つまり、「位置づけのアイデンティティ」に対してまず違和感を持ち、それに対して異議申し立ての気持ちを持つようになり、そして最終的には「位置づけのアイデンティティ」そのものをぶち壊して、そこから解放され、自分自身の「宣言としてのアイデンティティ」で生きていかなければ、自分の本当の生き方が実現できない、ということにもなるでしょう。

自分は男だ女だというジェンダーの問題にしても、このことを考えてみる必要があると思います。「男だとか女だとか言ってはいけない」という主張がありますが、たしかに男だ女だという性別にまつわる強力なラベルが現に存在しているわけです。そして、「男（女）はこうあるものだ」「こういうことは男（女）がやるべきだ」といった形で性別にかかわる役割規定があります。そこから性別に関する強力な役割期待が世の中に充満していると言っていいでしょう。「男（女）なんだから」「男（女）のくせに」という暗黙の目です。そうした期待に抵触するような言動をすると、当然のこととして周囲の目が咎めるようなものになったり、嫌みや陰口を言われたりすることになります。けれども、自分自身と対話してみた時に、あるいはそういう世間の期待を受けとめて考えてみた時に、それで自分が本当に納得できるかどうかです。自分の実感として、本音として、自分がそういう枠の中に押し込められていることに安住できるかどうかです。「やっぱり自分は世間の考え方に納得できない、自分は男（女）だけれど、むしろこうありたいのだ、こういうことをやっていきたいのだ」という気持ちが強くなるのなら、それを「宣言としてのアイデンティティ」として周囲に押し出していくことになるわけです。ただし、社会的なラベルとそれにともなう社会的な期待は非常に強力ですから、それに盾突いて自分の納得できる自分を押し出していこうとすれば、かなりの軋礫を覚悟しなくてはなりませんけれどね。

自分に貼りつけられた社会的なラベルをきちんと受けとめながら、同時にそのラベルそのものを自分の実感、納得、本音で考え直し、とらえ直していく。そして、ラベルそのままを受け入れることができればそれでいいけれど、どこか違和感がある、異議申し立てをしたくなる、それに耐えていくのはしんどい、ということであれば「宣言としてのアイデンティティ」として、自分持ちのアイデンティティを確立しなくてはならない、ということになるわけです。みんなは△△だと言うけど、私は他ならぬ〇〇である、だから私は〇〇ということで生きていきたい、これが主体的なアイデンティティの段階です。

8　世間が重い意味を持つ日本社会で

アイデンティティの確立ということは、本来、こうした主体的段階までいくのが本当なんでしょうが、日本では世間というものが重いわけです。すぐにみんな、世間に負けてしまうのです。

世間に負けるということは、外側からの期待のネットワークの中に自分がからめとられてしまって、その期待のネットワークの中でしか動けなくなる、ということと考えておいてもいいでしょう。世間というものがその時その場で期待のネットワークとして出してくるネバネバした触手が、一人ひとりをからめとってがんじがらめにしてしまうのです。これが、義理や人情、世間体といったもので縛られる、ということの内実です。そういう義理や人情や世間体をあるところですぱっと切って、私は他ならぬこういう者である、と考える。自分がこういう者であるということは周囲から必ずしもそのままでは受け入れられないかもしれないけど、自分ではそう考えた方がしっくりするので、そういう者として周囲にも認めてほしい、ということでやっていく。自分なりの自己宣言ですね。もちろん、自分の内面でも、そのことを自分に言い聞かせないといけない。内的つぶやきとして、「私は本当はこういう者なんだね」と繰り返し言っていかないといけない。やはり世間からの圧力は大きく重いものだから、それに負けてしまって、からめとられてしまう危険が常にあります。

私は、従来のアイデンティティ論で欠けがちだった重大な点の一つが、こうした「宣言としてのアイデンティティ」の面だと考えています。アイデンティティを社会的なラベリング、「位置づけ」としてだけ考えるのではなくて、能動的な自己宣言としての面を重視する、そしてその基盤となっている自分自身の確信としてのアイデンティティということに注目していく、ということが必要なのです。周囲からの位置づけと、周囲からのラベルの貼りつけとある程度まで緊張関係を持ちながら、自分という存在の独自の意味を自分なりに宣言し、そしてその宣言に従って生きていく、というタイプのアイデンティティが必要だと思うのです。

これが今、人々の現実の意識としても欠けているし、そしてアイデンティティ論の中でもほとんど欠けていると思います。アイデンティティについての研究を集めて展望した本が最近日本でも何冊か出ていますので、ご覧になってみてください。ほとんどがここで言う第二段階までの、社会的アイデンティティまでの話です。第三段階の主体的アイデンティティに関する研究の話は見られません。人間は社会的に形成されるということばかりが強調されているのです。たしかにそういう面はあります。とても大事な点です。しかしながら一人の個人は社会的に形成されていく面を持つとしても、同時に社会とのっぴきならない形で対峙する場合があるのです。人は社会的な存在であるとしても、全面的に社会の中に埋没し、社会の中にからめとられ、社会の中にうまく位置づけられ、社会から与えられた自己意識のまま生きていく、という存在ではないのです。そうした社会的な面は土台としてあるかもしれませんが、自分自身を自分なりにとらえ直し、「私は結局のところ何々である」という自分なりの意味づけをもとに、社会そのものに対して働きかけていく、という面を持つということを、これからのアイデンティティ論としてもっと考えていくべきではないでしょうか。

9　主体的アイデンティティの垂直的な拠り所と水平的な拠り所

こうしたとらえ直しをしていくうえで大事になってくるのが、自分自身にどういう点で根本的な意味を感じ取るか、ということでしょう。この問題に関連してすぐに思い出すのは、尼ケ崎彬が昔書いた「不審の花——利休における二つの志向」という論文です。私が国立教育研究所の研究員として就職して間もない一九七一年、『展望』（ずいぶん前に廃刊になりましたが）の五月号に載ったものです。尼ケ崎彬はこの時東大の美学専攻の大学院生でした。後に『花鳥の使』（勁草書房、一九八三年）など、いい本を何冊か書いていています。私は非常に高く評価しているのですけれども、名前はあまり売れていませんね。現代の文科系の学者で数少ない天才級の人じゃないか、とも考えているのですが。それはともかく、尼ケ崎彬のこの論文を読んだ時、非常に啓発されるものがあったわけです。

人が自分のアイデンティティを深いところで支えるような意味づけをする時に、二つの基本的な軸があると。一つは垂直の軸でもう一つは水平の軸。

垂直の軸というのは、真・善・美・聖、なんでもいいけど絶対的な何かの価値にふれ合っているということで自分に意味感を持つ、ということです。絶対的なものを何か実感することによって自分に存在感が持てる、という面と言ってもいいかもしれません。たとえばすばらしい音楽に聞き入っているような時、「もうこのままでいい、他に何もいらない」と思うことがあるでしょう。目の前のきれいな花に目を取られて、われを忘れ時間を忘れ、ということがあるでしょう。あるいは宗教的な儀式の中で、大勢で声を合わせて祈っているような場合、いろいろなことを忘れて、その雰囲気の中に没頭してしまうことがあるでしょう。自分自身、意味感で充溢しているわけです。この逆が、いわばアパシー的な感覚とでも言いますか、何にふれても無味乾燥という状態です。食べることにも別に喜びがないし、花を見ても別にどうってことないし、魅力的な異性に出会ったって特別に目を向けたくはならないし、という感じですね。そういう無感覚無感動な状態では、自分自身にちゃんとした存在感を持つことはできないでしょう。アイデンティティの基盤がないままになるのです。これが垂直の軸ということです。

これに対して水平な軸というのは、人との関係の中で得られる充実感、意味感ということです。たとえば誰かに頼られたり、敬意を払われたりすると、自分に自信が持てます。この自信というのは一つの意味感が自分に与えられたということですね。誰かといっしょにいるだけで充実感を持つということもあります。そういう場合、自分の中の不安とか焦燥感とか無意味感など、どこかにいってしまっている

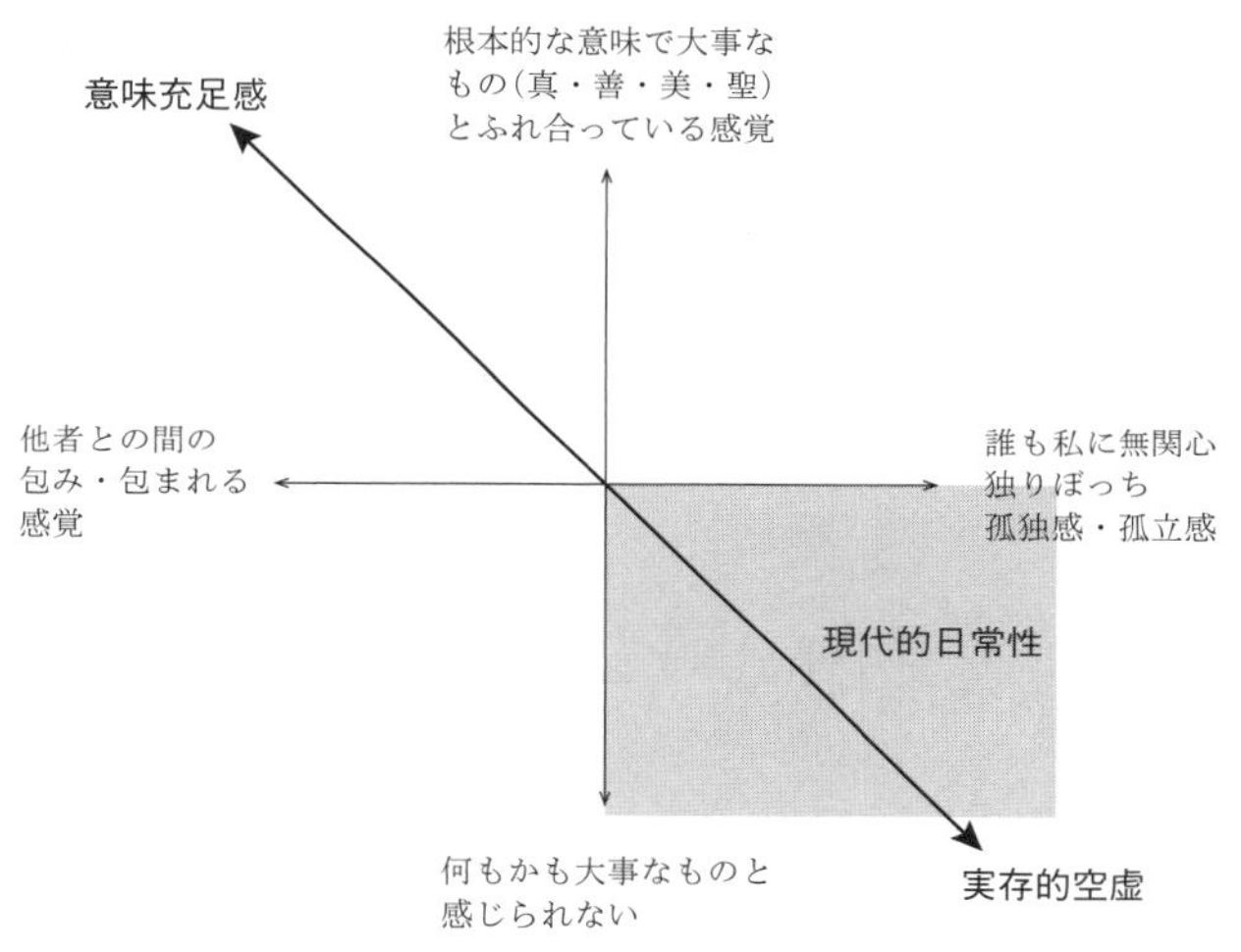

	水平		垂直
利休	抛筌斎 [主客の真の交わり]		不審庵 [秘められた美の充満]
	わかち合い	<------	美への感動
	出会い	------>	一期一会(出会いの絶対性)
釈迦	転法論	<------	開悟
親鸞	同朋の実感	<------ [ナムアミダブ]	救われている私の実感
キリスト	隣人を愛せ	<------>	絶対的な神を愛せ

図附２－１　意味充足における垂直軸と水平軸
尼ケ崎彬「不審の花——利休における二つの志向」(『展望』1971年5月号)を読んで。

はずです。小さな子どもがお母さんといっしょにいるような時などそうでしょう。他に何もいらないのです。ママといるだけでいいのです。恋し合っている男女の間にもそうした感覚があるのかもしれません。うまくいけば老夫婦がいっしょにお茶を飲みながらひなたぼっこをしている、という場合の感覚もそうなるのかもしれません。他の人との間に、包み包まれるという感覚、相手とともにいるだけで満足という気持ちが起こる。この反対は何かというと、独りぼっち。孤独感、孤立感。誰も私に無関心だという寂しくわびしい感じですね。こういう独りぼっちの寂しさに苛まれていれば、アイデンティティの感覚も希薄になってしまうでしょう。これが水平の軸ということです。

アイデンティティの確立というのは、「私は〇〇なんだ」ということをはっきりさせることではありますが、「〇〇である」という言葉にする、ラベルを貼る、というのはいわば手段でしかないのであって、結局は「〇〇」という言葉やラベルを自分に与えるのが一番しっくりくる、といった感覚がないといけないわけです。そうした感覚の土台を与えてくれるのが、ここで垂直と水平と言われている二つの軸なのです。こうした二つの軸からの意味づけを欠いた状態というのが、現代のアパシー的状態、あるいは実存的空虚と言われているものなんですね。何に出会っても感動も戦慄もないし、生活の中では本当に心の許せる人がいないし、ということですよね。「神の死」と「愛の不毛」という現代の流行語がこのあたりを象徴していることを尼ケ崎彬も指摘しています。いずれにせよ、アイデンティティの土台には、私はこういう意味で私の生きている根拠を感じ取ることができる、ということがなくてはならないのです。

10　利休の場合に見る垂直的拠り所と水平的拠り所

そのことを実は利休が、自分自身に対する命名の形で非常にはっきりと示してくれている、と尼ケ崎彬は言うのです。利休は不審庵（ふしんあん）という庵号を持ち、抛筌斎（ほうせんさい）という斎号を持っていますが、まさにこれが彼の「宣言としてのアイデンティティ」を示すものに他ならない、というのです。不審庵は彼のアイデンティティの垂直的な拠り所を象徴する宣言であり、抛筌斎は水平的な拠り所を象徴する宣言なんだ、というわけです。ちなみに、利休の本名は田中与四郎、千という名字は祖先の田中千阿弥からとったもの、利休という居士号は皇室から下賜されたものであり、宗易という道号は剃髪入道した際に後の大徳寺九〇世、大林宗套からもらったもの、と言われます。

垂直的な拠り所の象徴としての「不審」とは、利休が最も信頼し尊敬していた禅僧・古渓（大徳寺一一七世・古渓宗陳）から与えられた偈（げ）「不審の花開いて今日春なり（不審花開今日春）」にもとづいていると言われます。「不審」というのは、つまびらかでない、はっきりしない、ということです。「今まではどうしてもはっきりと見えなかった花が、今日はじめて見えた！　春なんだ！」といった意味なんでしょうかね。本来は美の発見にことよせて開悟の瞬間を示したのでしょうが、直接的には美的な感動の世界なんですね。たしかにこれは日本的感覚として垂直的な意味づけを象徴するものと言っていいでしょう。利休は、一期一会という緊張感の中で、美的な感動をとことん求めたわけです。だから茶室の中には、たとえば今日の季節感を象徴する一本の茶花がある、その花に関係した軸が一本かかっている、そして味わいのある茶道具がさりげなく持ち込まれる、そうした中でお茶をすすりながら、花を観賞し、軸を観賞し、道具を観賞するわけです。そういう形で、亭主自身が美しいと感動したものを用いて一つの空間を構成し、客にもその美的空間に参入してもらい、美的感動をともにしたいわけです。茶室は、あまり広いものだと美的意識が散漫になってしまうから、三畳とか四畳半といった狭いものです。茶室という空間を一つの美的なテーマで統一して構成し、またその茶室に入っていく路地やにじり口にも配慮して、美的なものとのふれ合いが深いものとなるようにするわけです。利休の場合には、こういう形で「不審の花」が開くことになると考えたのでしょう。

もう一つ、水平的な拠り所の象徴としての「抛筌」というのは、『荘子』の「筌は魚在る所以なれば、魚を得て筌を忘る。蹄は兎在る所以なれば、兎を得て蹄を忘る。言は意在る所以なれば、意を得て言を忘る。吾安くにか夫の言を忘るるの人を得て此と言わんや」からきていると言われます。目的のものを得てしまえば手段とか道具のことは忘れていい、ということです。どうも今の時代は逆で、目的などはじめから何も考えないで手段や道具のことばかり考えている人ばかりのように思いますが。手段や道具のことを忘れて、いわば裸になって主客が交わる。ここでは肩書きも、社会的なラベルもないのです。茶室に入ったら、私とあなたです。一歩外へ出たら主従であるとか、商売の取り引き相手であったとしても、茶室の中では一切関係ないわけです。一人の人間と一人の人間として、あらゆる位置づけのアイデンティティが剝奪された状態で、一期一会としてある時間をともにしましょう、語り合いましょうと。これが抛筌斎という斎号になっているわけです。

こういうところを詳しく尼ケ崎彬が書いておりますが、いずれにせよ私達のアイデンティティというのは、周囲の人達から与えられた社会的ラベルを「なるほどその通り」と受け入れて、そのまま「私は皆に言われている通り何々ですよ」という自己意識を持つ、そしてそれに合わせた言動をすることによって周囲からも何々というイメージを持ってもらう、というだけのことではありません。それはたしかに社会的な段階ではそうだろうけれども、しかし最終的には社会的に与えられたラベルを乗り越えるのでなくてはならない。ただし社会的に与えられたものを乗り越えるとしても、現実検証能力抜きでなんでもいいから「私は……」と宣言することではありません。「誰も認めてはくれないけれど、実は私は天皇陛下なんだ」とか「救世主なんだ」と言うのでは、社会的にまともな生活ができなくなります。単なる妄想とかわがまま、世の中に対する不適応であっては困るわけです。そうではなくて、本当の主体的な段階でのアイデンティティというのは、自分自身の内的な基盤となる意味感に支えられていると同時に、ある程度の現実検証能力によって社会的に受け入れられるものにしなくてはならないでしょう。しかしいずれにせよ、基盤となる内的な意味感自体、真・善・美といった絶対的な何かとのふれ合いといった垂直方向の体験によって、また誰か他の人との出会いとかふれ合いといった水平方向の体験によって、支えられ、深められるわけです。こうした意味感がなくては、「私は〇〇です」と口にしてみたところで、何の迫力もない口先だけのものになるのではないでしょうか。

11 前アイデンティティ・超アイデンティティ・脱アイデンティティ

こういう形でアイデンティティは確立していくと考えられるわけですけれども、これに関連して、前アイデンティティ、超アイデンティティ、脱アイデンティティのことについても少し考えておきたいと思います。

前アイデンティティとは何かというと、「私は〇〇だ」とか「私は私である」ということを全然考えない状態です。物心がつく前もそうだろうし、あるいは動物や植物もそうでしょう。

超アイデンティティは、アイデンティティそのものを超越した状態。社会的なアイデンティティも主体的なアイデンティティも乗り越えて、あるいは位置づけのアイデンティティも宣言のアイデンティティも乗り越えて、「私なんて何者であってもええやないか」という気持ちになっている状態です。たとえば晩年の良寛さんなんかも、超アイデンティティだったのでしょうね。良寛さんも若い時はずっと学問をし修業をして、立派な学僧としてのアイデンティティを自他ともに持っていたわけです。ところが年寄りになったら私が何者であるか全部忘れてしまって、所用で出かけても遊んでいる子ども達が目に入るといっしょに日暮れまで遊んでしまう、ということになってしまうのですね。まさに超アイデンティティです。

もう一つは、脱アイデンティティ。日常的には私達誰もがなんらかの自己意識を持ち、自己概念を持ち、アイデンティティを持っているわけですが、何かの機会にそうしたものすべてが脱落してしまう。すばらしい音楽を聴いている、夢中になって没頭して本を読んでいる、誰かと胸ときめく出会いをしている、といった時には、「自分は」といったアイデンティティの意識はどこかに行ってしまっているわけです。これが脱アイデンティティです。私が私であることを忘れる。本当の意味充足の瞬間というのは、常にそういうものかもしれません。

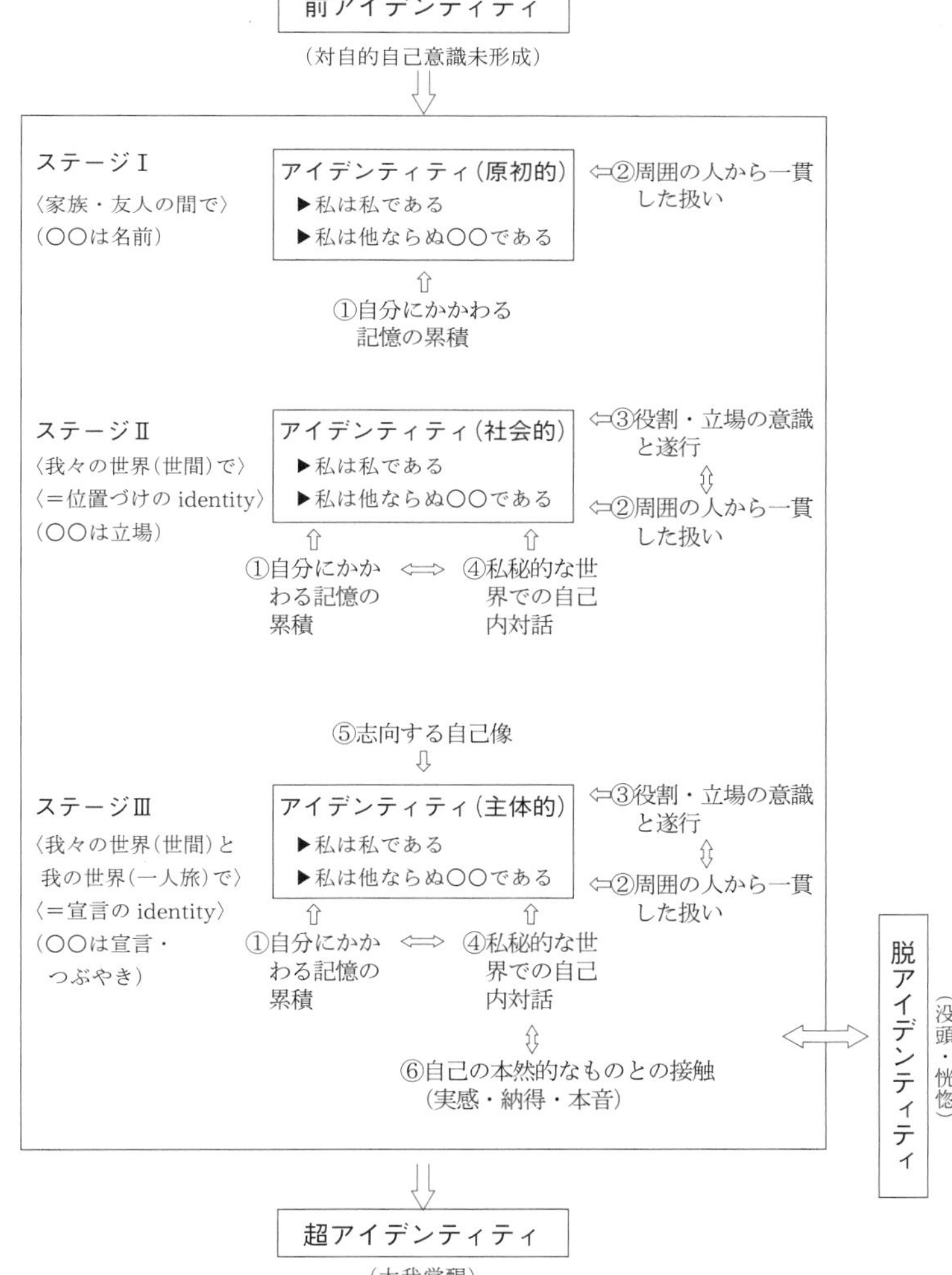

図附２－２　アイデンティティの形成とその基盤

アイデンティティの確立ということと同時に、その逆のベクトルを持つものとして、前アイデンティティ、超アイデンティティ、脱アイデンティティということを併せて考えていかなくてはならないのではないか、と思うのです。

この中で一番考えておきたいのが、超アイデンティティのことです。晩年の良寛さんの姿を一つの例にあげましたが、このことが意味するものをもう少し考えてみたいと思うのです。

たとえば、生命の流れということを本当に意識したら、私ということでのこだわりがなくなってくるのではないでしょうか。大きな生命の流れの中での私、ということになるかもしれません。現代的にどう表現したら多くの人にピンとくるか、たとえば遠藤周作は『深い河』の中で、この問題を現代風に表現しようとして苦労したわけです。個としての私が生まれて、生きて、死ぬ、という厳然とした事実が一つあるわけです。それが大きな生命の流れとどうつながっているのか、大きな生命の流れの中でどういう意味づけができるのか、ということですね。大きな命の流れの中での個は、いわば泡みたいなもの。泡みたいな個々の人間の生命は生き死にしますが、それは大きな生命の流れの中で生まれ変わり死に変わりという形で起こっている、というわけです。いろいろな泡を何億何十億と生じつつ滔々と流れ続けている大きな生命の流れ。その生命の流れ自体に気づくべきじゃないか、ということにもなります。『方丈記』に言うように「ゆく河の流れは絶えずして、しかももとの水にあらず。よどみに浮ぶうたかたは、かつ消えかつ結びて、……」ということになるでしょう。そして、「私自身もまあこの段階での一つの泡だ」という気づきが出てくるかもしれません。

そうした大きな生命の流れへの気づきが自分の生きていく原理になる、個としての自分を考える場合の基本視点になる、というのが超アイデンティティです。ここで、個としてのアイデンティティが消え去るわけではありません。私は何者か、という社会的なラベルとか社会的カテゴリーとか自分に固有の名前とかは厳然としてあるわけです。それに自分の実感なり本音なりから言うと自分は本当は〇〇なんだ、といった宣言としてのアイデンティティもあるでしょう。だけどそれは全部エピソードでしかない、ということになってしまう。大きな生命の流れの中でこういう私という存在の上に一つのエピソードとしていろいろな色がついているんだな、こういう色をつけてほしいと自己主張しているんだな、ということなのです。流れに浮かぶ一つの泡としての私の身の上にエピソードとしていろいろ生じているんだな、ということになるわけです。

12 困ったアイデンティティ——内面の本源的なものとのかかわり方で

ここでちょっと、困ったアイデンティティを持った方のことも考えておくことにしましょう。たとえば、主体的な段階のアイデンティティの場合だと、これを支える要因の何かが欠けてしまうことによって、アイデンティティの持ち方が非常に歪んでしまう。たとえば、自分の本源的なものと接触することにこだわりすぎて、周囲との関係が全部切れてしまうということがあったりします。そうすると、他の人には通用しないアイデンティティを持つことになる場合がある。非常に分かりやすい例をあげると、精神科の病棟に私こそ本当の天才だとか芸術家だと思っている人がいたりします。しかし、そういう誇大妄想的なアイデンティティが変だというのは外側から見た話なんで、やっぱり自分でそう思いたい理由があるわけです。ただ問題は、それが外側からの位置づけとはかけ離れてしまっていることでしょうね。

たしかに外的なイメージとかけ離れた誇大妄想的アイデンティティを持つということも困ったことですが、これはいわば誰にも分かる困ったことです。しかし、現代人のアイデンティティのあり方には、多くの人に気づかれていないけれど、ある意味ではもっと困った問題が見られるのです。これは誇大妄想的なアイデンティティとは逆に、外側との関係ばかりで自分のアイデンティティをつくる、という問題です。

これには二つありまして一つは役割人間の問題、「肉づきの仮面」の問題です。たとえばよく言われるように、学校の先生は下手するとカラオケに行っても「私は先生」という意識が抜けない、飲み屋に行っても抜けない。飲み屋に行くと医者と坊主と学校の先生は嫌われると言いますが、そういう職業は「肉づきの仮面」になりやすいんですね。まわりからの目（役割期待）が厳しいということがあるのでしょう。だから「私は先生」「私はお坊さん」「私は医者」ということでしかなくなって、その人独自の何かということがなくて、位置づけのアイデンティティだけの言動になってしまう。

もう一つ、今の社会は複雑になって、いろいろな役割体系に誰もが巻き込まれてしまっているため一人の人がたくさん役割を持たざるをえないわけですが、そこで自分のコアになる役割は何かが分からなくなっている、アイデンティティの混乱が起こっている、という問題があります。コアになる役割を意識しすぎるとさきほどの「肉づきの仮面」になってしまうのですが、どれが自分の本当の仮面なのか分からなくて、いろいろな仮面をつけ替えつけ替えしている間に自分でも混乱してしまう。職場ではこれこれの役割、地域ではこういう役割、趣味の世界ではこういう役割、みんな上手にこなしていくんだけど、結局自分はいったい何なんだろう、ということになるわけです。

この二つとも結局は、アイデンティティが外的条件だけででき上がってしまっていて、それ以外にアイデンティティの内実を形成する内的な条件がない、という問題です。T・S・エリオットというイギリスの詩人の言葉を借りると、現代人の多くは藁の人間ということになります。つまり外側から見るといっぱしの人間、しかし藁（ストロー）のようにそれは見かけだけのことで、中味は何もない。外的な条件だけででき上がっているアイデンティティで生きている人間は、まさに藁の人間です。コリン・ウィルソンは、藁の人間はちょうど酒場のバーテンダーみたいなもんだ、と言います。お客さんがいて自分がその話し相手をして、お客さんにいろんなものを出してあげる、サービスする、その間だけは自分の内的な充実感がある。しかし、最後のお客さんが帰ってしまって一人っきりになると、全く空虚になってしまう。自分の前にいる人と互いの役割に応じたインタラクションをしている間だけの充実感。これはなぜか。外側とのかかわりでしかアイデンティティがないからです。あるいはアイデンティティを自分の内面で確かめる内的基盤がないのです。「私は私なんだ」という根本的な支えが内面に欠如しているのです。

こういう現代的なアイデンティティの問題があるんじゃないかと思います。結局今では自己内対話の習慣もなくなっているし、自分の中の本源的なものとの接触、これも関心外となっている。自分の中の本源的なものとの接触というのは、世間相場から離れた形で自分なりの感性が働く場、自分なりの発想なり思考なりが働く場、自分の行動の原動力になる内的なエネルギーの湧き出す場、そうした場を意識し、それと対話してみる、ということと言ってよいでしょう。自分の本当の実感・納得・本音の世界が多くの人に見えないままになっているのです。そして利己的に、自己中心的にふるまった時の満足感を、自分の本源的なものとの接触だと勘違いしているのです。自分の実感の世界を問題にする、自分の納得の世界を問題にする、自分の本音の世界を問題にする、ということがないと、アイデンティティの内的な基盤は持てないのです。そういう皮相的なアイデンティティでは、ここぞという時にエネルギーが出てこないでしょう。

13　内的なエネルギーが出てくるか

私は、アイデンティティ論は、どこまで内的な促しが出てくるか、エネルギーが出てくるか、というところに最後にはいかないといけない、と考えています。つまりアイデンティティというのは、自分の意味づけがはっきりして安心するというだけじゃだめだと思うのです。アイデンティティには、「自分はこれこれの存在だ」と自他ともに認めるラベルを自分に貼りつけて安心するという面がありますし、他はなかなか認めてくれなくても「自分は本当はこれこれの存在なんだぞ！」と宣言して安心するという面があります。しかしそのいずれであっても、自分自身に対するそうした意味づけからエネルギーが生まれてくるのでなくてはならない。「自分は〇〇なんだ」と考えた途端に、全身の力が奮い起こされるということでなくてはならない。これが主体的な段階のアイデンティティではないかなと思います。

ただし、その段階を越えたら、今度は良寛さんみたいに、もう自分は取り立てて何者というわけでもなく、子どもが水遊びしていたら自分も川の中に入っていっしょに遊んでしまうような超アイデンティティの段階にまでいきたいものです。これは、まさに内的な促しのまま動いていく、ということです。最も素直な形で、スムーズに内的エネルギーが発揮されるのが超アイデンティティの段階と言ってよいかもしれません。こういう視点は欧米流のアイデンティティ論では出てこないでしょうけどね。私も最後は良寛さんみたいになりたいですね。良寛さんは、若い頃はすごい学僧だったと言います。生きてきた証しに名前も残したかったでしょうし、自分の仕事も残したかったでしょう。しかし年をとってからはまさに行雲流水ですね。そこでやるべきことを忘れ、時間を忘れ、子どもと遊びほうける。自分が学問をやったという過去も、自分が生涯のうちにやるべきことといった目標も、その意味で自分の将来も、すっかり忘れてしまったのではないでしょうかね。つまり自分自身についてのあらゆる意味づけを放棄し、自分に与えていた「物語」も捨て去ったのではないかと思うのです。親鸞なんかもそうかもしれません。あれだけ大きな思想的遺産を残したけれど、結局晩年の親鸞がどう暮らしていたか、最後はどういうふうにして亡くなったか、誰も知らない。普通の庶民の中に姿を隠してしまっています。まさに超アイデンティティの段階にいたっていたのではないか、と思いますね。

〈今・ここ・私〉という言葉があります。何よりもまずこれを大事にしなくては、ということは禅的な思想の中でも言われるし、実存哲学でも言われるし、また臨床心理学でも言われます。前アイデンティティの段階では、〈今・ここ・私〉という気づきもないでしょうね。〈今〉もない。〈ここ〉もない。〈私〉もない。暖かく包まれた状態を感じ取っているだけ、ということかもしれません。しかしアイデンティティの段階になると、〈今〉はどういうものか、〈ここ〉はどういうものか、〈私〉はどういうものか、どうしてもはっきりさせなくてはならなくなります。そして、超アイデンティティの段階になると、〈今〉も〈ここ〉も〈私〉もまたなくなってしまうわけです。もちろんアイデンティティの段階においても、その途中で脱アイデンティティの状態になれば、〈今・ここ・私〉は消えてしまいます。祝祭的空間、あるいは本当に人を愛する時、などがそうでしょうね。そういう意味で、アイデンティティ論を基にしてわれわれの意識世界の基本的あり方、言動の世界の基本軸のあり方、にまで考えを持っていかなくてはならないのではないかとも考えたりしております。

＊この附章2とそれに続いての討論は、一九九七年一二月二〇日に京都大学楽友会館で開かれた自己意識研究会例会で話題提供した内容と、それに引き続いての討論の記録の一部を整理したものである。討論参加者の所属はその時点でのものである。

〔討論〕

〈討論参加者〉　＊発言順／＊文中の敬称は略させていただきました。

山口恒正氏（近畿民俗心理研究所）
金川智恵氏（甲子園大学）
溝上慎一氏（京都大学）
八木成和氏（鳴門教育大学）
梶田叡一

山口恒正　アイデンティティというのは、もともとは物について言われてたんですね。物のアイデンティティ。A＝Aということですね。物のアイデンティティをどうやって確かめるのか、ということは、タイム・スペース・コンティニュイティとかいろいろな規準が言われています。たとえば私の持っているクマのプーさんのアイデンティティをどう確かめるか、という問題があります。こいつはお誕生日の時もいっしょだったし、正月の時もテーブルの横にいた、そういうわけで他のプーさんとは違う。他のプーさんとは、リボンの位置とか、耳の大きさとか、顔全体の大きさとか、そういう標識によって区別できるわけです。ところがしょせんぬいぐるみですから、クローンなんですね。だから私のプーさんというのは、知らない間にすり替えられると、アイデンティファイの誤認が起こりうるわけです。これを確かめるのは、やっぱり時空間的な連続性だろうと。しかし時空間的な連続性というのは証明しにくいわけです。主観を通ってくるので、寝ている間に変わっているかもしれないんです。そういう意味で物の世界でも、アイデンティティ問題、ＡがＡであるということの確認は容易なことではありません。

ロックでは意識（記憶）の統一化作用が記憶の連続性をもたらし、カントではイッヒの統一化作用が記憶の連続性をもたらすと考える。ただし、記憶といってもすべて意識化されるというわけではないのですけどね。三歳以下のことは人間覚えていないんですが、イッヒができたら記憶の連続性がある、だからアイデンティティがある、ということになるわけです。これは哲学的にも心理学的にも非常に重要だと思うんですね。なぜ自分にとって記憶というものは、自分においての記憶なのかっていうことは。あらゆる表象には「私は思う」ということがともなっていなくてはならない、というのはカントの大命題なんですね。だけどなぜ私なのか、なんですよね。

金川智恵　今のお話で、イッヒが出てきて記憶の連続性が成り立つ、というわけですが、そのイッヒはどこから出てくるのか、という議論をカントはどういうふうにしているのですか。

山口　それは、そういうふうにイッヒを考えておいた方が便利であろう、ということなんです。結局、記憶の連続性といったって睡眠中は中断しているわけですね。にもかかわらずイッヒを導入することによって、基本的な連続性を保証する。これによって法的にも責任主体というものを仮定することができるわけです。

梶田　ウィリアム・ジェイムズも同じようなことを言ってますね。ある本では、結局主我（イッヒ、アイ）はない、意識の流れがあるだけだ、と。もちろん有名なのは、主我（アイ）があって客我（ミー）

があって、という言い方の方ですけどね。

山口　ウィリアム・ジェイムズは、“Thought thinks itself”と言っているんですね。ラッセルなんかも“It thinks in me”なんです。デカルト的なコギトは、ここでは否定されているわけです。

梶田　そのへんを考えていくと、「実体としての私」とか、「主体としての私」を考えるというのは、一つの約束事、構成概念ということになりますね。一人ひとりの主観的世界の中に根強く持っているものとしてのね。ウィリアム・ジェイムズなんかも、そのことにぶち当たったと思うんですね。だから思考が思考しているんだと。

山口　西田幾多郎は「私があって経験があるんじゃなく、経験があって私があるんだ」と言いますよね。西田幾多郎はあれで独我論を脱出したというわけですけど、実は独我論というのはそもそも不可能なんですね。「私は今考えている」という言明は確かだけれど「他人が私のことを考えている」という言明の確かさは推量にすぎない、と言うんだったら、私が考えているということ自体だって推量にすぎない、私はホンマに考えているんかということを考えていい、と思うんですね。そういう意味で独我論というのは不成立なんです。後は純粋経験ということになると思うんです。主客が未分化な、私も対象も区別されない状態。私というのは、そういう経験から事後的に構成されたものということになるわけですね。花火を見た時に、「わあきれい！」であって、「私はこれをきれいだと見ている」というのは、後で構成したものなんですね。

金川　たとえばセルフについての考え方にしたって、つまりは推量しているにすぎないということなんですよね。当然ながら実体としてのものではない。だからこそ他者も必要になるわけで、つまり関係が必要となるわけで、その中でしか自分の主観だって考えられない。だから、そういう意味で言うと、要はその構成概念でどう説明するとすっきりするか、一番説明力が大きいものを使おう、ということになるわけですね。だからセルフの問題を考える時には、どれが正しいの、間違ってるの、どこから出てくるの、ということを考えると行き詰まると思うのです。アイデンティティの問題も、そういうふうに、どういう構成概念としてとらえると一番説明がしやすいか、という観点から考えてみなくてはならない。

もう一つ、今日、実は梶田先生のお話を聞いて非常に良かった。「あーしまった、先を越されたな」とも思ったんですけれどもね。最近実はセルフ論をやっていて、「社会心理学は面白くないな」と思ってたのです。なぜかというと、結局、こういうセルフの話をする時に、文学をやっている人とか芸術をやっている人と話していると、「人間どこに向かうべきなのか」を考えさせられる。そうすると今の社会心理学に向かっては、「お前ら価値をどう考えているのか、そこが抜けてるやん」ということになるんですね。結局のところ、今の社会心理学のメイン・ストリームは、梶田先生がおっしゃったところの二番目の段階までの話をこちゃこちゃやっているだけだなと。社会的に形成されるという段階までの話を、その過程だとかメカニズムだとか論じているだけで、その（社会的に意識が形成された）当人自身が、その後の段階としてどこに向かうのか、言い換えるなら、どこに向かう可能性があり、それが人間としてのあり方として望ましいのかどうか、という話ができていない。だから、自分自身の本源的なところを探求して、そうした自分の根っこの部分との連携を深めて、といった段階への視点がない。芸術をやっている人達なら、「このアスペクトが欠けていたんじゃ人間じゃないよ」と言うわけです。ここを視野に入れない心理学とは何なのか、だからつまらない、と言われていたわけです。ともかく、価値の視点をセルフ論の中にきちんと入れなくては話にならない、と私も考えていたところだったんです。という意味で、すごく今日のお話は面白かったですけれども……。

さっきの自己の本源的なものとの接触というところで、独我論ということをおっしゃったんですけれども、この本源的なもの、個々人にとって本然的なものを本当に分かっていくと、つまりは普遍になるんだ、ということを思うのです。だから価値は一つしかない。つまり自分がこのことを大事に生きるという価値（価値観じゃない）を本当に本然的なものとして追求していったら、自分が今こういう形で生きている、それこそ仮の世間で生きている、そういう姿がどこか変だということになるんじゃないか。そこで自分にとって何が変なんだ、何が本当に大事なんだ、というところをもしも本当にこだわって考えていくなら、たぶんここを突き詰めると、普遍に向かうんだろうなと思うのです。

溝上慎一　抽象度が上がるという意味ではないんですか、普遍というのは。文脈があれば普遍ではないから。いろいろなところがあっても、いろいろ形があっても、結局はこうなるんだ、という意味ではないんですか。

金川　結局そうなのかもしれませんが、ただここで言いたいのは、大事なものは突き詰めていくとやっぱり一つになるんじゃないか、ということなんですね。

山口　ヨーロッパ的には普遍という言い方になってしまうんですね。エリクソン流のアイデンティティの話も結局は普遍ということになるわけでしょう。しかし東洋では違うんですよ。東洋では、絶対的一が無になることがある。しかし、そういうことをインプットした途端にコンピュータは壊れてしまうわけです。普通は1のコンプリメンタルが0でしょ。0のコンプリメンタルが1なんですね。ヨーロッパの道理ではこうなりますね。どう詰めていっても、1=0は出てこない。無というのは、実は単に何もないということではなくて、実は随所に主となるというあり方の場合もある。普遍と言ったらヨーロッパ的であるけれども、すべてがと言った方がいいんですね。一即一切、一切即一。私は私でないものとの統一である、こういったとらえ方を東洋でするわけだから、ヨーロッパ的な普遍という言い方には注意した方がいいですね。

梶田　さっきの本源と普遍ということについて、僕はやっぱりユングを今思い浮かべているわけです。なぜ普遍的無意識というのが一番下の底辺にあって、それから上に向かって順に、民族的な無意識がある、集団的な無意識がある、個人的無意識がある、そして一番上に個人的な意識世界がある、といった重層的な考え方をしたのか。個人を掘り下げていけば、人間として共通な何かが、非常に似通った感性とか、似通った対応の仕方とかがあるという、そこのところね。つまり私達は、どの文化で生きようが人間として同じ遺伝子プールを共有するわけで、結局は目の構造でも耳の構造でもなんでも基本的に機能の仕方は同じなわけで、そうすると外界との相互作用の基本様式という点では、それこそアフリカの奥地にいようが、ラテンアメリカのアンデスの山中にいようが、アメリカのニューヨークにいようが、基本的には同じところがあると思うんですね。そういう基本様式の中に、何が一番充実感をもたらすか、という外界との相互作用のあり方のアスペクトがあって、それがたとえば芸術というものを生んでいく。音での充実感が音楽を、目にするものでの充実感が美術を生んでいく。そういうことがあって、非常に雑駁に言っちゃうと、僕はそういう意味での普遍というものがあると思うし、あるいはそれをもっと洗練していったところでの、精神と言われるレベルでの普遍性というのもあるかもしれないと思う。だから最後はそこに行き着かないといけないのではないか。ただ、その道筋とか、普遍的なものの表現形態とか、これはかなり多様なものがあって、文化や社会によって規定されていると言ってもいい。そこから文脈という話も出てくるんじゃないか。

溝上　僕はいろいろな思想や人の話を聞く時、必ず「なぜその言葉を使うんだろう?」と思うんです。特に新しい言葉が出てきた時にはね。「なんでアイデンティティなんだ?」「なんで経験なんだ?」。経験なんかはいいけど、特に日常用語にない言葉を使う時に、どうしてその言葉を使うんだと。「自我という言葉をなぜ使わないといけないんだ」といった点にいつもこだわるんですよ。アイデンティティというのも、その意味でずっとこだわっている概念ですけれども。というのは、私は自己の研究をしているんですが、自己の研究とアイデンティティの研究と（特にエリクソンの記述的な研究ではなくて実証的な研究と）どこが違うんだということを、ずっと考えてきたんですね。なぜあれをアイデンティティとエリクソンは呼ぶんだと。実証的研究ということでアイデンティティ・ステイタスもそうですし、いわゆる尺度研究もそうです。あれをなぜアイデンティティと呼ぶんだと。考えてみると必ずしもアイデンティティと呼ばなくてもいいだろうと思うわけです。エリクソンの論文を初期のものからずっと見てるんですけど、ここは山口先生とちょっと議論していくつか知恵を借りたところでもあるんですけども、エリクソンがアイデンティティという言葉を使うのはかなり後なんですよね。それまでのキー概念はアイデンティフィケイションですね。フロイトのアイデンティフィケイションという概念をはじめはそのまま使うわけです。アイデンティフィケイションはフロイトの理論を支える重要な概念になっています。ここは牧康夫さんの論文にも言われているように、従来のフロイト理解ではほとんど取り上げられていない。しかし、アイデンティフィケイションは、フロイトの治療論にも精神構造論にもどこでも出てくる言葉ですね。たとえばナルシシズムもそうだし、ヒステリーでもそうだし、母親との同一化、父親との同一化、そんなことでエディプスコンプレックスとかが論じられたり。エリクソンも最初の一〇年ぐらいは臨床家ですから、遊戯療法とか絵画療法とかいろいろやる中で、アイデンティフィケイションという概念を使うわけですよね。そしてフロイトのアイデンティフィケイションの概念を展開させる契機になったのが部族の研究だったんですね。部族の研究に入っていった時にどうしてもフロイトのアイデンティフィケイションでは説明ができなくなってくる、その瞬間っていうのがあったと思うんですね。部族の話になると、歴史的な、これまでこういうふうにやってきたんだ、ということがまず問題となる。部族の人達が伝統的な生活様式では生きていけなくなっていく。そういった時に部族の人達は自分はいったい何なんだ、ということを問題にせざるをえないわけですね。子どもの育て方とかでは部族のアイデンティティが存在している、しかしアイデンティフィケイションの対象が異なるとたとえ同じ部族民でも自我の存在様式は全く違ってきますね。そこは梶田先生のさっきの話とつながってくると思うのです。

山口　そうなんです。自我の問題、アイデンティティ。ラカンなんかでいくとアイデンティフィケイションによってエゴが出てくるのです。

溝上　僕はラカンは分かりませんけど、アイデンティティって面白い概念だと思うんですね。自分がこうだと思うだけでは説明のできない時にどうしても必要な概念ですね。山口先生もさっき言ってましたけど、差異を前提にしているというのはその通りだと思うんですね。実証研究というものは自分がこうだと思ってしまうところだけを取り上げるんですね。あの人はこういうふうに、その人はこういうふうに見られているよとか、こういうふうにやっていっても受け入れてくれないよとか、そういう話はできないわけですよね。本当はエリクソンはユダヤ人だったという考え方が分かりやすいと思うんですけど、あるところではユダヤ人にとらわれ、あるところではユダヤ人じゃないように扱われる、こういう自分は何々だと思っているのに、まわりからはそう認めてくれないという、まわりの概念が出てきた時に、はじめてアイデンティティという言葉が、ズレの概念として出てくるのだろうと思うんですね。アイデンティティの確立というのを説明する時、みんな授業でいろんな例を考えているんですよね。この間学会で聞いた一番面白い例ですけど、教育実習の学生は自分を先生だとは思っていないのに子ども達は自分を先生と思っているわけですね。そしたら自分は先生にまだなれないよと思っているのに、みんなは先生として扱う、ここでギャップが出てくると。これがアイデンティティの問題が起こってくるところですね。でもね、これ、エリクソンが言うアイデンティティだとは思わないわけですね。本来はアイデンティティって、こういう使い方で正しいのだろうと思うのですけど。どのような文脈でエリクソンはアイデンティティという概念を使ったのだろうかと考えてみると、あるものが成り立たないと生きていけない、あるいは自分の存在のあり方が歪んでしまう、そういう文脈だったのではないかと思うんですね。だから自分の別のパートとしての役割が崩れても、社会とね、たしかに心理・社会的っていう文脈は成り立ってるんだけれども、それで別に自我が崩れるわけじゃない。心理・社会的アイデンティティという言葉だけならいいことも、「エリクソンの」という限定をした場合は自我にとっての重要な役割・核心ということが問題として扱われなければならない、そう思うわけです。

梶田　結局、そのマージナルであるということ。自分の存在があるところではこう見られ、別のところではこう見られる。社会的にマージナル、辺縁の位置にある。これは周囲の人も困るわけ。あの人は本当は何者なんだろうと。それで本人も困るわけ。そういうことが起こるわけです。しかも今あなたが言ったように、そのマージナルの中身が、その人の基本的な存在様式そのものにかかわるぐらい重要な、コアとなるような意味を持つものの場合がある。コアのイメージ、コアな意味づけ。だからアイデンティティは、やっぱり単なるアイデンティフィケイションではない。自分を何と同一視するかということから言うと、何とでもアイデンティフィケイションできるわけだけれども、コアになるものだけに焦点を当てて考えてみる、というのがアイデンティティなんだろうね。ただ僕はやっぱりそこで考えなくてはいけないのは、コアになるものは、結局はじめは自分の周辺の具体的な人間関係から与えられる、それからこの社会全体から与えられてくる。だけど、その段階で必ずしも終わりにならないということ。それから本当の「自分探し」が始まるわけで、コアになるもの自体を社会や人間関係から少し距離を置いて見て、相対化して見て、自分自身との対話の中で検討し直す。それを通じて本当の自分のものとしてとらえ直す。「位置づけとしてのアイデンティティ」から「宣言としてのアイデンティティ」に練り上げていく。そういう筋道があるんじゃないか、という気がするんですね。

金川　アイデンティティというのは自己イメージの中でコアになるものなんですよね。たとえばこの二番目のステージ（社会的アイデンティティ）というのは、土台として、いろんな役割意識とか社会的立場とか周囲から与えられたイメージとかいろんなものがたくさんあるわけですね。その中でアイデンティティというのは、私は私であると言えるもの、自分にとってコアという感じを与えるもの、ということになりますね。そうすると要は、アイデンティティというのは、そういうそのいろんな役割意識や社会的イメージの統合体として、つまり今のアメリカの社会心理学が言っているような、いろんなスキーマ、あるいはセルフノレッジ（Self-knowledge）と言っても構わないですけども、そういうものがどういう構造をなしているか、ということにかかわってくるわけですね。しかし、そういうところがよく分からないわけです。説明概念としては持ってるわけですけど。アイデンティティというのは、この統合ということがどのようになっている状態なのか。

溝上　私は私であるということだけで言っていたら、もうそれこそその人が社会的に持ってるカテゴリーの数だけあると思うんですよ。たとえば「男である私」「人づき合いの悪い私」「学生である私」とか。だけれどもそのすべてが、セルフエスティームに影響を及ぼすわけではない。いろいろな私の中でも、自分に対する評価感情に揺らぎを与える、そういう意味でコアになる部分があるのではないですかね。僕なんかはそういうふうにとらえてるんですけど。

梶田　だからアイデンティティと呼ばれるような一つの象徴的な自己概念があって、そこからいろんな自己イメージが引き出されてくる。あるいはそこまでいかなくてもいいけれど、いろんな自己イメージがそれと矛盾しない。そういうコアとなる自己概念がある。逆に言うと、いろんな自己イメージがばらばらなままになっていると、アイデンティティの拡散と呼ばざるをえないということになる。この場合には、自分を何の概念によって規定するか、何の概念に対して自分を賭けていくか、というものがない。だから、おっしゃったように多様な自己イメージが一つの概念によって統合されているかどうかが、アイデンティティを持っているかどうかの基本条件になると思うんですね。

金川　その統合だって、つまりはその、主観ですよね。だから、たとえばそこが損ねられると大きく自己領域のいろんなところに影響を及ぼすようなものを感じた場合、それをこの人にとってのアイデンティティと呼ぶ、ということになるんでしょうね。この人にとってのこの大事なものがコアになって、この人のアイデンティティをつくっているという、そういうものですね。

梶田　たしかに主観なんだけども、そして、いつでもそこに立ち返れば安心できるし元気になる。そういう意味での主観だと思うのです。主観的な一つの統合の原点、トータルポイント、それがアイデンティティだろうと思うのですね。だからマージナルな人であればあるほど、そこが大事になると思うのですよ。いったい自分はどこに立ち返ったら安心しエネルギーが出てくるんだろうか、ということになるわけですね。

金川　マージナルであるというのは重い問題状況ですよね。なんらかの形で問題状況に置かれないと、人間って自分は何者かなんて考えたりしませんよね。ミードなんてリフレクティブ・ソウト（反省的思考）とミー（客我）と、ほとんどごっちゃに言ってますけど、そうした問題状況では最終的に自分をとらえ直さざるをえないっていうところから出発していると思うんです。だからこそ余計に、何のために私達がこういうアイデンティティなんてものを持つかです。人間だけが。というのは多分に、そういう問題状況に置かれた時にやっぱり自分を壊さないために、ではないか。要するにこれはアイデンティティの機能についての話になるんですけどね。だからこそさっきの、統合の原点みたいなものやね、という視点になるわけですね。臨床心理でいう自我硬直、つまりこれ大事やねん、これしか持ってないから、みたいなところとつながってきますわね。つまり不登校の子が優等生の私という思い込みから逃れられない。この思い込みがだめになったら全部がだめになる。そうするとあれは統合していたのか、ということになります。そのこととアイデンティティ、もちろん違うのは分かるんです。ただ、アイデンティティの議論とごっちゃになる点がある、という気がするんですね。だから、もう少しその、統合ということについて考えてみなくてはいけない。アイデンティティが統合されて、健全な状態、健康であるというのはどういうことなのか。

今たとえばリンヴィルという社会心理学者がいるんです。それからブリューワー。どっちも女の人ですけど、要するに基本的に自己概念にはいろんな領域があって、簡単には統合しない方がいいだろうと言う。つまりはいくつもの卵を一個のバスケットの中にいっしょに置いとくようなものだと。要するに自己というのは、たくさんの領域を自由に持ってると考えた方がいい。その方がたとえば社会的に拒否されたり挫折したりした時に、ストレスの拡散になって全体に影響を及ぼさないですむ。これがだめでもこっちがあるからみたいな。そういう発想の自己観がこの人達にはあって、私はこれすごく好きなんです。だから、たとえ統合した何かを意識の拠り所として持つようになった後でも、そういうふうに人間は自由に自分の領域を浮遊させておける能力も必要だろうと思っているわけです。そういうふうに考えてきた時に、それじゃあ今日の話に出てきているアイデンティティというのは、ここまで実は含んでいるのかどうか、ということになるわけです。

梶田　そうですね。最終的にここに帰ってきたらエネルギーが出てくるという明確なアイデンティティを持たないといけないというのは、きわめて困難な状況に置かれている人の場合だと思うんですね。そういう困難な状況がなければ、いくつもの自己領域があって、それを何かの拍子に全体的に総合して考えてみると、こういうコアになっているものがあるかな、いくつもの自己領域をつないでいるこれこれのものがあるかな、ということに気づくくらいでいいんじゃないか。だから、アイデンティティということにすごくこだわった人というのは、きわめて困難な状況の中で頑張らなければいけなかった人だと思うのですね。そういう人は、私はなんとかだぞ、私はなんとかだぞってことを、やっぱり自分できちんと確認して、時には外部に対しても明確に宣言していかないとエネルギーが出てこない。アメリカの社会で、特にユダヤ人とかアフリカ系といったマイノリティの問題からアイデンティティ論が発展していったことは、このことを象徴的に示すのではないかと思うのです。そうすると、人と人とのつき合い方がギスギスしたものでなくなって、互いに寛容になって、自分は何者だということを意識しなくても生活が豊かに成り立つような状況になってくれれば、ここに立ち返らなければいけないというアイデンティティなぞなくてもすむわけです。それはその場合でもアイデンティティが全くないというわけではないでしょうけどね。たとえば、自分の肩書きがアイデンティティになって、それだけで安心してやってるとかね。どこどこ会社の部長をやってるとか、やったことがあるとか。そのことが死ぬまでずっとアイデンティティになっているとか。学校の先生でも校長をやった人というのは、死ぬまでみんなに校長と呼ばれるわけです。何々校長、何々校長って。そうすると自分もそういう気持ちになって後輩にそういう口ぶりで話をするわけです。だから今の日本の企業人でも教育界の人でもアイデンティティが非常に強いと言ってもいいと思うのですが、それは日常生活ではほとんど意識されなくていい。聞かれれば「私はこれこれの立場にあります」とか、「私はかつて、これこれの責任ある立場でやっていたことがあります」と言うとしても、そしてそれが自分のプライドの基盤であり、エネルギーの源泉になっているとしても、通常はあまり意識しないでいい。そういうところがあるんじゃないかという気がします。

八木成和　一歳半検診をやってるんですけどね、一歳半くらいで障害のある子というのがだいたい分かるんです。そういう時って、一つの危機的状況ですよね。田舎なんで、まだまだ障害児、障害者についての偏見が強い。そういう中で母親に子どもに障害があることを知らせなくてはならない。そして自分の実感の中でそのことを受容するように、自分のそれまでのイメージの中に子どもに障害があるという事実を統合するように、と話すわけです。その時はそれで受け入れてくれたように見えたのに、三歳児検診の時、その母親が自分の子どもに障害があることを認めない、ということも起こるわけです。周囲の人の受け入れの問題もあるんだろうと思いますが。で、一つの事実を受け入れて自己イメージを作ったとしても、それをどう維持するか、という問題があると思うんです。アイデンティティが一つの主観的統合であるとしても、それが崩れてしまう場合があるんじゃないか。そうすると、統合的なアイデンティティが維持される条件、崩れていく、あるいは組み替えられていく条件、これは何なのだろうか、と考えてみなくちゃならないと思うのです。

梶田　さっき話に出た優等生の問題もそうですね。優等生という自己イメージにしがみついて生きてきた人が、ヘッセの『車輪の下』みたいに崩れてしまう場合がある。ところがなかなか優等生としての自己イメージから逃れられない。自分をいつまでも優等生イメージに縛りつけてしまう。ある自己イメージなりアイデンティティなりを持つには、ある時点ではそれなりに必然的な理由があったんだろうけど、それが生きていくうえでのエネルギーになっていると、適応的に行動する場合に妨げになることがある。

そうした時のアイデンティティの組み替え、それをどうするかという問題もあるように思いますね。

金川　そこなんです。それをアイデンティティ理論では、どうやって説明してるのかな、と思っていました。統合といったって組み替えまで説明できないと嘘やろっていう気がするわけです。私がエリクソン流のアイデンティティの統合に疑問を持ってるのは、私の読み方が浅いのか、つまりはその説明をしえていないのか、そのことを今日はちょうどいい機会だなと思ってお聞きしようと思っていました。

梶田　エリクソンは分からないけど、僕の考えでは、自己の本然的なものと本当に接触していたらアイデンティティの組み替えをしなくていい。だけど社会的カテゴリーを中心にしてアイデンティティを作っていくと、結局は世の中での位置づけとか世間からのまなざしでアイデンティティの組み替えをしなくてはならなくなる。優等生というのも、そういう意味では社会的なカテゴリーにすぎないのです。山一証券や北海道拓殖銀行といった大会社がつぶれて、所属や肩書きが一挙になくなって、アイデンティティ・クライシスを起こしている人も現実にいるわけです。それまでのアイデンティティを根本から組み替えて、新しいアイデンティティをどう確立するか。だけども、本当は「得意澹然(たんぜん)、失意泰然」でありたいですよね。どうしたらいいかというと、やっぱり社会的な枠組みの中での自分の位置や意味を相対化して、社会的なものには影響されない自己の本然的なものとの接触をどういう形ではかっていくか、ということでしょうね。

金川　それならば、この図(一七五頁参照)でいうと社会的アイデンティティの下の主体的アイデンティティの段階ということになりますか。この図自体が、一見すると発達の流れを示しているように見えますよね。もしも発達だとすれば今私が申し上げた、たとえばリンヴィルなんかが言ってるのも、社会的アイデンティティの段階での話として、どう組み替えるかとか、どこにどう重みづけをするか、というような話なわけですね。しかし人によっては、この本然的なものとの向き合いをもう小さい時からやってる人がいますよね。たとえば三島由紀夫なんかずっとこれやってきた人ですよね。しかしそうじゃない人が多い、という時に、この本然的なものに向き合う前の社会的アイデンティティで生きている、要するに普通の人間ですね、そういう人に対しては「アイデンティティの組み替えを上手にしいや」と言っていかなければならないのじゃないか。これ教育ともかかわる話ですけど、主体的な段階の前の社会的な段階にいる大多数の人の場合、そういうことを考えていかなければいけないものかどうかということなんですが。

梶田　そう思いますね。場合によっては社会的なアイデンティティの段階と主体的アイデンティティの段階を行ったり来たりすることによって精神的な窮地を逃れてもいい。たとえば石川啄木の、「友がみなわれよりえらく見ゆる日よ　花を買ひ来て　妻としたしむ」ということになるわけですね。この歌の前半は社会的段階での感覚、後半は主体的な段階での感覚ということになりますね。こういった形で行ったり来たりするのはいい。ただし一度本然的なものとは接触して味を覚えていると、大事な時には主体的アイデンティティで乗り越えられるようになる。しかし長い人生の中では自己の本然的なものとの接触が稀薄になる時期もあります。社会的に順風満帆の時期とかね。だいたい本然的なものとの接触が大事になるというのは一種の危機の時代ですから。だからこの図に示されている段階は、ある意味では発達の過程だけれども、この中で実は行ったり来たりするんですね。だから意識的、意図的な退行ということのもあるわけです。退行というのはネガティブな概念だから、ポジティブな形容詞をつけないと間違えちゃうけれどもね。

時間がかなり過ぎましたからこのあたりで区切りにしましょう。後は四条河原町のいつもの店でビールを飲みながら話し合うことにします。時間のある方はどうぞ自由にご参加ください。それではこれで今日の研究会を終わりにします。

V

宗教による目覚め

附章3　個我的自己意識からの脱却と宗教——心の教育のために（二〇〇一年）

1　個我の閉鎖空間への「風穴」としての宗教

人間というのは面白いもので、私の意識というのは私の中で完結していますので、本当は他の人が生きているのかどうかも分からないし、あるいは世界が本当に存在するかどうかも分からない。これを押し進めていくと自己中心的になります。ともかくすべて自分の気が済むように、自分にうまくいくようにやっていけばいい、ということになるわけです。宗教というのは、そこに風穴を開ける一つの智恵なのです。私も生きている、だけども実は「私が生きている」のではなく「私は生かしてもらっている」のです。私が今ここにいて、主人公のつもりでいるけれど、実は主人公でもなんでもない。大きな力の中で今ここで私が自分自身を意識し、自分を中心とした世界を認識し、それを土台に行動をして、主張をしている。宗教とはそのような「生かされて在る私」という基本感覚を持つことです。

聖書で言えば「野の百合を見よ」ということです。あくせくと明日のことを思い煩う、それは皆「私が」「私が」という気持ちが中心にあるからです。私は今何をしなければならない、明日何をしなければならない、等々といろいろ考え、そうするとどうなるのか、ということをまた考える。つまり、私が中心になって、私のいろんな行動や、生きるということの主人公に私がならなければならない、という思い込みがあるわけです。たしかにそれは、人間の自然で素朴な姿と言っていいでしょう。しかし、そこから抜け出して、たとえば野の百合は自分で咲こうなんて思わずに咲いている、自分が美しく装おうと思わないのに、あのように美しい姿を現している、内側にある生命力がおのずから発現して今ここにこのような姿を作っているということに気づかなくては、ということなのです。そのおのずからなる生命力は、別に自分のものではありません。自分も今その生命力を大きな何者かから与えられ、今ここに存在させてもらっている、ということなのです。

私の『意識としての自己』という本の中でも（本書に収録の第1章など）、そのようなことを少し議論しています。たとえば、今ここで私がしゃべっていますが、次に何をしゃべろうかと実は考えていません。ひとりでに言葉が出てきています。しかし、説明的に言うと、言葉を出す背後に思考活動というものがあるのです。大脳中枢がいろいろとコントロールしながら記憶や知識や論理など、いろんなものを組み立てていくことによって私はしゃべっています。そして実際にしゃべるに当たっては、声帯が自動的に震えています。言葉を発する時に、いちいち声帯を広げよう、縮めようとは考えていません。そうすると、一つの約束事として、外側から見たら、あるいは自分で自分が主人公だというように見てしまえば、梶田が今これこれのことについて皆さんに話をしている、という整理の仕方はたしかに可能です。しかし、生の姿はと言うと、今この場を与えられた梶田が、おのずから出てきた一連の言葉を、身体のいろんな機能を使い、自動的に声帯を震わせながら、次から次へと紡ぎ出しているということなのです。ですから、今、梶田が（本当の主人公として）しゃべっているのかどうかということは、生の形で言うと、はっきりとは言い切れないわけです。梶田と名づけられた一つの身体を借りて、永遠の妖精が一つの夢を見ているのかもしれません。別の言葉で言えば、今この場で、神が与えてくれた一つの生命の働きを、必ずしも梶田の責任ではなく、神自身の大きな働きが梶田を通じて働くという形で、このように発現しているということです。ですから、今、私がしゃべっているのは、神が梶田を借りてこのようにしゃべっていると考えた方がいいのかもしれません。

「私が、私が」と生きている人間が、ひとりでにそこまで考えて、「私が」ではなく、「私において」ということに気づくチャンスはふつう、ありません。だから、何万年も前から、たとえば雷に打たれた時、大嵐に巻き込まれた時、あるいは九死に一生を得た時など非日常的な体験をした機会に「本当に私が生きているのだろうか、それとも私において何かの大きな力が生きているのだろうか……」というようなことを感じたりしたのです。こうした通常の感覚を大転換するような経験が、ごく少数の人によって伝えられてきた、ということは貴重です。私はそのような意味で、宗教に対して単に寛容であるだけではだめだと考えています。人類の貴重な伝承文化として大事にしていかなくてはならないと思います。

宗教とは、人間が生きていく中で、自分と他人、個と社会、人と宇宙などいろんなことの基本的な関係を、原理的なところから認識していくためのものの感じ方、考え方の積み重ねに他ならないのです。宗教とはそういった意味での文化として大事にして学んでいくべきものです。

2　宗教と社会と実存と

もう一つ、教育基本法では、宗教の社会生活における地位を学ばなければならないと言われていますが、このような表現をするから間違ってしまうのだと思います。これは宗教を社会的な存在としてとらえていますが、宗教とは本来実存的な存在なのです。私と大自然、私と全宇宙、私と神様とのかかわりなのです。社会的というのは附随して出てくるものなのです。

イギリスでは、北アイルランドでカトリックとプロテスタントの紛争がありますし、それがスコットランドやウェールズやイングランドにも波及して、何代にもわたって殺し合いをし続けてきた歴史があります。これは、まさに宗教の社会的な面にかかわるものです。あるいは今、イスラエルではユダヤ教を信奉する人達とイスラム教を信奉する人達が、ただ領土の問題ではなく、宗教の違いが大きな要素となって、お互いともに平和に生活することができないという状況があります。ユダヤ教の人達からすれば、三〇〇〇年前にこの土地は神から与えられたものだという話になります。イスラム教徒はそのようなとんでもない理不尽なことを言って、長年自分達が住んできた土地を取り上げる奴は、神の名において懲らしめなければならないと、「アラーアクバル（神は絶対なり）」を掲げて戦うわけです。

さらに言うと、カトリックの中世社会では、魔女裁判や異端者狩りといった血生臭い歴史がありました。そして、十字軍もありました。あの聖地回復というのは、キリスト教徒の側の勝手な言い分で、当時のイスラムの側のいろんな記録が出版されていますが、彼らにとってどれだけ大変な災難だったでしょうか。平和に暮らしているところを、十字軍がやってきてめちゃくちゃに荒らすわけです。とんでもない話です。大航海時代になると南アメリカ、中部アメリカを中心として、インディオも人間かどうかという議論をしながらスペイン人がやってきて、ほんの数十年で二千万から三千万のインディオが死ぬという悲惨な植民地化をやったわけです。それに対して抗議したラスカスのようなカトリック側のごく少数の人もいたわけですが、大きく言えばカトリックの布教は、先住民の征服の手段になったことは否めません。こうしたことは皆、宗教の社会的な側面です。

日本の場合で言えば、やはり戦時中の国家神道でからめとられた時は大変だったと思います。私は去年、大きな神社の神主さん達の集まりで宗教教育の話をしたのですが、話をした後で有力な神主さんが私のところに来られて、「間違えないでくださいね。国家神道と、われわれの神社神道は別物ですからね」とおっしゃいました。私もそれは分かっています。神社神道というのは大らかです。カトリックであっても、日本人でさえあれば、つまり私でさえも神主さんの資格がとれるのです。

宗教を社会的な存在と見るなら、私には気になることがいっぱいあります。今のカトリックの中でも、正義や平和を叫んで噴飯ものの言動をしている人がいます。カトリックの中には日の丸をいやがる人もいますが、カトリックと日の丸は本来なんの関係もありません。わが京都ノートルダム女子大学では、日の丸といっしょにバチカンの旗をあげます。日本の大学であり、カトリックの大学であるわけですから両方あげるわけです。

いずれにせよ、社会的な存在として宗教を見たら、紛争の種になるだけでしょう。しかし、宗教の根本を考えると、実存的な、自分がこの与えられた生命をどう生きるかという、その「自分の人生」というものに重きを置かなくてはなりません。皆いつかは必ず死にます。人間というのは一人で生まれて、一人で生きて、一人で死ぬのです。人間というのは結局、自分の人生を自分の責任で、一人で生きていかなければならないのです。元気な時はどうにでもなります。少々悩みがあっても、美味しいものでも食べてビールでも飲めば「まあいいか」となるわけです。しかし、だんだんとそういうわけにいかなくなります。身体が元気で、世の中的にもうまくいって、皆がチヤホヤしてくれる時は何もいりません。しかし、身体が不調になり、世の中的にもうまくいかなくなり、皆が冷たい目で見るようになった時に、何が自分のことを支えてくれるかです。これが宗教なのです。そういう意味で宗教は実存的なものと言わなくてはなりません。

中教審の基本問題部会でも、今、教育基本法の改正問題との関係で、宗教教育について話し合っています。私は、宗教教育が大事であると言っているのですが、多くの人が難色を示しています。「クリスチャンの家庭で育った経験から言うと、宗教教育は学校でやってもらっては困る、宗派性を抜きにした宗教教育などありえないから」とおっしゃる委員もあります。面白いのは、政治的立場と宗教教育への態度とに関係がないことです。私はキリスト教にも仏教にもイスラム教にも通じる宗教的情操や、宗教的感覚があるのではないかと思っているのですが、今のところなかなか全体では話がまとまりません。

そういう背景の中で、私がこれからの宗教教育のあり方についてどう考えているかをお話しします。たしかに今、宗教教育をクローズアップし、公立であろうと私立であろうと積極的に推進しようとすると、多くの人が、二の足を踏むという気持ちがあります。それはなぜかと言うと、現象的に三つ問題になることがあるからだろうと思います。

3　宗派性・狂信性・運動性

一つは宗派性の問題です。本当に宗派性を超えた宗教教育というのはあるのでしょうか。曽野綾子さんは「一月ずついろんな人に来てもらって、話してもらえばいい」ということをおっしゃいました。四月は神道の神主さん、五月は禅宗のお坊さん、六月は真宗のお坊さん、七月はキリスト教プロテスタントの牧師さん、九月はカトリック……皆ばらばらな話でもいい、その中から子どもが何か一つでもピンとくるものを受け取ってくれれば、それでいい、という考え方です。これなら現実にやれるかもしれません。しかし、一年間通して誰か一人の人が宗教教育を担当するということになると、どうしても宗派性の問題を無視できなくなります。宗派性を無視できないということは、たとえば神や仏と言っても宗教宗派によって具体的なイメージが全く違うということがあるからです。それに、それぞれの宗教宗派の基礎となった指導者の違い、ということがあります。お釈迦様もイエス・キリストもモハメッドも皆偉かったのだと言っても、モハメッドに言わせれば、イエスは自分以前に現れた最大の預言者の一人だということになりますし、キリスト教から言わせると、とんでもない教えを広めてキリスト教世界に破壊的な被害を与えたのはモハメッドだということになります。宗派性を持つ限り、不倶戴天の敵がいろいろ出てくるわけです。キリスト教の中でもそうです。ルター派の教会の牧師さんから言わせれば、ルターはすばらしい宗教改革者で、悪魔のすみ処となっていたキリスト教を救ってくれたということになるわけですし、カトリックから言わせるとルターは異端で、その後のキリスト教の世界に大混乱をもたらした極悪人ということになるわけです。

もう一つ、宗派性の問題とも関連しますが、宗教はどこか狂信性をはらんでいるのではないかという問題があります。一つの宗教に入ってしまうと、理性を返上しなければならなくなるのではないか、ということです。本当は違いますが、イメージとしてはそうであるし、そうなってしまう場合も少なからずあるわけです。つまり、宗教は、一種のマインドコントロールである、洗脳である、といったイメージがあるし、事実そうでしかないような宗教もたくさんあります。そういう宗教に入ってしまうと、自分が自分の責任でこの一生を生きるということができなくなって、どこかのすばらしい教祖様に寄りすがって、その力で生かしてもらうということになってしまいます。宗教と呼ばれているものの中には、そういうマインドコントロール、あるいは洗脳という暗い面があります。別の言葉で言えば、広い目配りをもって理性的な判断ができなくなるのではないかという問題があります。そういう面をはらむ宗教教育であるなら、一人ひとりが理性的な存在になっていくという教育本来のあり方から考えると、いわば後ろ向きの話になります。社会的に言っても一つの狂信的な宗教、宗派で日本社会が固まってしまうと大変なことになります。そして二つか三つの狂信的な宗教集団が日本社会に並立することになると、血で血を洗う殺し合いが起きてしまうでしょう。そうすると、宗教というものにありがちであった狂信性を考えたら、宗教教育に到底与することはできないということにならざるをえません。

もう一つ、第三に、宗教は、本当に生きている時は運動性を持っています。本来的には実存的なものであるはずなのですが、仲間を作りたがるわけです。そうした宗派性、狂信性が土台になって運動していくと、社会のその時その時のニーズに応えるような社会運動ではなくて、自分達の宗教集団のエゴイスティックな勢力拡大のための運動がはびこってしまうことになり、日本の社会をめちゃくちゃにしてしまうことになります。

今述べた宗派性、狂信性、運動性は、皆連動しています。しかし、本当の宗教であればそんなことはないかもしれないし、私自身は本当の宗教ではそんなことはありえないと思っています。たとえば、四つの福音書の形で伝えられているイエスのメッセージなど、宗派性とも狂信性とも運動性とも無縁なものです。しかしながら、少なくともこの一〇〇〇年、二〇〇〇年の各国の歴史を見てみれば、やはり宗教というものが、宗派性、狂信性、運動性を持ちがちであったことは否定できません。このため、宗教が結局は社会や文化にとって、時には混乱をもたらし、後退をもたらすということがあったのです。ですから、宗教教育について、表面上はとことん話し合ったつもりですが、どこかもう一歩踏み切れないという状態だったように思います。やはり宗教性、狂信性、運動性は日本の社会や文化に後退をもたらすという不安があるからです。私はそういう状況を土台に置いて考えなければならないと思います。

4 〈我々の世界〉と〈我の世界〉と

繰り返しになりますが、私が考える宗教、カトリックというのは今述べたような宗派性とも狂信性とも運動性とも無縁のものです。本当の宗教、本当のカトリックということを考える時に、私は一つ補助線を引いて考えたら分かりやすいのではないかと思うのです。それはいつも私が言っている〈我々の世界〉と〈我の世界〉を対比させて考えるという視点です。たとえば、この数年「生きる力」ということが言われてきましたが、〈我々の世界〉を生きる力と〈我の世界〉を生きる力とを分けて考えたいのです。「自分だけで学び、自分だけで考える」ということが「生きる力」である、などとんでもない薄っぺらなことを言っている人がいますが、そういう単なる自己学習能力が「生きる力」ではないのです。オウム真理教に入ってサリンを作った人達も、軍事機密であるサリンの製法などどこにも公開されていませんので、彼らは自ら学び、自ら考えてあらゆる調査や実験を重ね、サリンを作ったのです。問題は価値の方向なのです。何を良しとし、何を醜いとするかという、その価値の方向がないまま自ら学び、自ら考えていったってどうなるものでもありません。「生きる力」ということを考えるとするなら、〈我々の世界〉で生きる力と、〈我の世界〉で生きる力に分けて考えていくと大事なポイントが浮き出してくるように思うのです。

〈我々の世界〉というのは世の中ということです。人間一人ひとりが自分自身で生きていくといっても、具体的な衣食住を考えると一人だけでは生きていけません。そういう意味では人間は社会的な動物です。食事にしても、たくさんの人が作業をして私達の元に料理が届いて、「おいしい」だの「まずい」だの偉そうなことを言って食べているわけです。着ているものもそうです。たとえば自分で麻を育てて服を作っている人などいないでしょう。衣食住というのは皆、他の人に依存しています。そして、お互い一人ひとりがやれることは少ないのですが、自分のできるささやかなことをやって、それと引き替えに他の人がやってくれたことを利用させてもらっているわけです。これが〈我々の世界〉で生きていくということです。そうすると〈我々の世界〉で生きる力というのは、やはりよき社会人、よき市民として、ちゃんとしたことをやっていく力がつくということでなければなりません。「私には生存する権利がある」などと声高に主張するなどとんでもないことです。無為徒食で人に養ってもらって当たり前、という結構な立場の人はいないはずです。ただ、お互い人間同士としての連帯感の中で有無相通ずるということはありますが、それは権利ということではありません。ですから、普通は誰もがささやかであるけれども人のためになることをしなければならないのです。もちろん学生の時はいいのです。将来世の中のためにやってくれるであろう、という期待がありますから、寄生虫として二十いくつまでやっていけばいいのです。しかしその後、今度は他の人を寄生させることもしなければなりません。これが〈我々の世界〉で生きるということです。

しかし、実は教育というのは〈我々の世界〉で生きる力を身につけるというだけのことではありません。〈我の世界〉を生きる力を同時に考えていかなくてはならないのです。特に読書を指導してもらうというのはそういうことでしょう。読書というのは自分の世界に浸り込むわけですから、その中でいろんなことを外との絡み抜きで考えることができます。人間が昔のように定年になる前後で皆死んでいたら、〈我々の世界〉を生きるということだけでも事足りていたかもしれません。しかし今では、うまくいけばきんさん・ぎんさんのように一〇〇歳以上の年齢まで生きていくことができます。そうするとたとえば二二、三歳から働き始めて世の中で一定の役割を果たして、四〇年足らず勤めて六〇歳で定年を迎え、その後四〇年ほど人生があったりすることになります。しかし、社会から引退すると、〈我々の世界〉で生きるという面が後景に退いて、〈我の世界〉を生きるという面が表に出てこざるをえなくなるのです。

〈我々の世界〉しか意識していない人は、私は何の某だというアイデンティティが社会的な絡みでしかできていません。世の中での位置づけしかないのです。社会的肩書きや、住んでいる家、乗っている車など、ステータスシンボル的な、自分の社会的な存在のあり方を位置づけるものイコール自分だと思ってしまうのです。もちろん世の中で生きていくためには、社会的な立場でやっていかなければならないという面があります。親をやっている時は親のような顔をして、親としての社会的義務を果たしていかなくてはなりません。〇〇の組織でどのような肩書きで仕事をしている、どのような家に住んで、どのような車に乗って……など、世の中で生きていくうえでの社会的約束事は、本当に大事なことです。しかし、もっと大事なことがあるのです。それは、生身の自分です。名前ですら社会的な符牒でしかないのです。便利であるから私も「梶田叡一」と名乗っているだけで、本当はなんだっていいのです。しかし、世の中で名前があり、肩書きがあり、役割や立場があり、いろんなことがあり、それでやっていかなければ日常生活でお互い手のつなぎ合いができないのですが、同時に生身の一人の人間としての自分が存在しているわけです。生身の一人の人間であっても、生きていくためにはいろいろと世の中でやっていかなければならない面はあるでしょうが、本当はどうしても生きていかなくてはならないということはないのです。

私が若い時に指導をしていただいた、澤木興道という禅の偉い方がおられますが、彼は「ただひたすら座禅をしなさい」と言われる。そうすると「座ったらどうなりますか」と、とんでもないことを言う人が出てくるわけです。すると彼は「座ったってなんにもならない。だから座りなさい」と逆説的なことを言われる。「座っているだけで、食べていけますか」と聞かれると、「食べていけるわけがない。だから座りなさい」。そして「本当に食べていけなくなったら死ねばいい」とおっしゃるのです。別に人は何歳まで生きなければならないということはありません。人間として生まれて、意識を持って、今ここに存在しているだけでよいではないか、ということです。ある意識を持って一〇年存在した方がいいのか、一瞬だけでいいのかは分かりません。「これでいい」と思ったならばすぐに死んでしまってもいいのかもしれません。長生きしようと思ってもせいぜい八〇年ほどですから、悠久の流れから言うと一年だろうが一〇年だろうが一〇〇年だろうが大した違いはありません。そういう生身の人間という事実が一つあるわけです。ただ、なかなか生身の人間としての自分に気づくというのは難しいことです。というのは、多くの人は、小さい頃から世の中で、〈我々の世界〉の中で自分の意識の世界を構成しているのです。「大きくなったら何になる?」などと言われて育っていくのです。つまり〈我々の世界〉で何をするかということしか考えていないのです。

5 私に与えられた世界

しかし、本当の宗教が教えてくれているのは〈我の世界〉です。世の中で生きていくだけで済むのなら宗教は必要ありません。たとえば厳格なプロテスタントだったら、「神の前に義とされるか」ということが根本の問題になります。私のあり方というのは、神様に「よし」と言ってもらえるかどうかということが問題なのであって、私の親がどう言ってくれるか、先生がどう言ってくれるか、世の中がどう言ってくれるか、などは関係ありません。まわりの人が自分を理解してくれるかどうかなど、そんなものは最初からあてにしてはいけないのです。

皆気づいていないだけで、一人ひとりが生きているということの土台は〈我の世界〉なのです。たとえば、今ここで皆さんに私の話を聞いていただいていますが、耳の鼓膜の震え方までは、生理的に構造は共通のメカニズムを持っていますから、皆同じです。しかし、鼓膜の震え方は同じだとしても、一人ひとり何が大脳中枢に届いたかは違います。耳の鼓膜が震えても、聞いていることにはなりません。大脳中枢へ届いてはじめて何かをキャッチするのです。しかも、それが多い人も少ない人もいれば、どこの部分が届いたかというのも人それぞれ違います。そして、同じところが同じように大脳中枢へ届いたら、同じように受けとめるかといったら、これも違います。生まれて物心ついてからこのかた、今の自分にいたるまでの自分の経験の積み重ねの中で、こういう言葉を、こういうことがらを、どのように意味づけて受けとめるかというのは皆違うのです。たとえば、私は宗教やカトリックという言葉を何度か出しましたが、皆さんの中で宗教やカトリックとどのように接してきたかで、その響きが全然違います。内的準拠枠というのですが、内側に一人ひとり、自分なりにものごとを意味づける枠組みができているのです。それはもちろん夫婦でも違うでしょうし、親子でも違います。ここで皆さんに私の話を聞いていただいているのですが、何が大脳中枢に届いて、どのようなイメージが去来したということは皆全く違うのです。そのことに普通は気づかないわけです。「皆いっしょに梶田先生の話を聞いた。あれはああいう話だった」と、ここで終わってしまうのですが、それはその人がそう思っているだけの話です。〈我の世界〉とはそういうことなのです。隣の人と置き換えができません。聞くことだけではなく、見ることもそうです。網膜に映っている何が大脳中枢に行くかはそれぞれ違います。そしてそれがどのようなイメージを結ぶかも違います。つまり一人ひとりが自分に与えられた世界を、自分の責任で生きていくしかないのです。人の個別性というのはそういうことです。自分の見たり聞いたりしたことが、隣の人、あるいはともに生活している人、ともに仕事をしている人とは全く違うのです。同じ場で同じことを同じように経験しているように思っても、その経験の中身は皆違うのです。このことがどこまで身に染みて分かるかということです。結局は「皆は」などではなくて、「私はどうするか」ということを考えなくてはならないのです。

このことと宗教の問題は裏表になるわけです。私に与えられた世界、私の見聞きし感じる世界、それが充実しているのか、躍動しているのか、未来へ向かっての明るさがあるのか、基本的にはそういうことと宗教とがかかわり合っているのです。ですから、本当は間違っても宗派性や狂信性や運動性という落とし穴に陥るはずはないのです。皆で群れて「我々はXX宗徒だ。あいつらは憎むべき□□宗徒だから殺してしまおう」などというのは、自分というものがないからなのです。同じ宗旨の人達で自分達だけの〈我々の世界〉を作っているだけで、そこに〈我の世界〉はないのです。そして教祖の言う通りにやっていく、これもまさに〈我の世界〉のない生き方です。〈我の世界〉では、自分の実感、納得、本音が大切になりますから、自分にピンとくるもの、ドキドキワクワクするものがあるかどうかです。皆がよいと言うからよいではいけません。私がよいと思わなければいけないのです。たとえ誰かが「ベートーベンの音楽はよい」と言ったとしても、本来それは人に押しつけたり、人と共有したりする話ではありません。そういうレベルで言うと、宗教の社会的な意義などという話は吹っ飛んでしまいます。実を言うと、イエスのメッセージはまさにそういうことなのです。「皆で群れて、ローマの圧制に抵抗しよう」「ユダヤ社会の不正を暴き、皆の力で正義と平和を実現しよう」などということはいっさい言っていないのです。

6　キリスト教の何に帰するか

そういったことを考えると、私は現実のカトリックやキリスト教を考える時も、いろいろと考えてみなければならないことがあると思っています。カトリック、あるいはキリスト教の伝統の中には、一番の大本に三つ大きな流れがあると私は考えています。モーセ教とパウロ教とイエス教です。モーセ教とは何かと言いますと、唯一の神がいて、その神から与えられた十戒に代表されるいろいろな決まりがあって、そしてその唯一の神を尊敬し、他の神のところに行かないようにし、神から与えられた決まりを守って、行い正しく生きていこうというものです。これはキリスト教がユダヤ教から受け継いだ、非常に大事な部分です。パウロ教というのは、パウロというイエスの死後の弟子がいて、神の子であるイエスが全人類の罪の償いのために死んだという神学体系を創り上げ、キリスト教を創ったのだと言われています。ですから、キリスト教ではなくパウロ教であると言われることもあります。クリスチャニティーではなく、クロスチャニティーであるとも言われます。それは、パウロが強調したのは十字架（クロス）だからです。ですからパウロ教で言うと、なぜ神の子が十字架の上ではりつけになったのか、これをずっと問題にしてきたのです。十字架上のイエスの死によって人類は救われたのだというわけです。こうしたモーセ教でもないパウロ教でもないイエス教とは何かと言いますと、イエスという大工の息子が田舎のガリラヤ湖のまわりでほぼ一年か二年、短い間ですがめぐり歩いて、いろいろと説いて回りました。その教えがイエス教なのです。私はカトリックですが、自分の信仰の大本はイエス教であると思っています。

なぜこのような三つの流れを区別して考えるかと言いますと、どうしてもモーセ教でいくと、〈我々の世界〉を生きていく原理にしかならないからです。世の中全体を律する一つの倫理、道徳体系を作るわけです。これはたしかに宗教の大事な側面ですが、これが肥大化してしまうと〈我の世界〉はなくなってしまいます。結局はイエスが「偽善」という言葉で非常に激しく批判したように、外面的な装いはあるけれども内面には何もないということになりかねません。イエスは〈我々の世界〉や〈我の世界〉などとは言いませんが、この二つを非常に厳しく区別してきたと思います。たとえば当時のユダヤ社会では、貧しい人に施しをしなければいけないことになっていました。イエスは多くの人は鐘を鳴らして「今施しているぞ！」と皆に分かるようにして施しをしていると批判しました。本当は右の手で施しても左の手に知られないように密かに施しをしなくてはいけないと言うのです。施しという行為が〈我々の世界〉における行為になるのか、〈我の世界〉における行為になるのか、ということです。あるいはユダヤ教でもイスラム教でも断食があります。それをまたいかにも皆に分かるようにしてやる人をイエスは批判しました。イエスは、断食をする時は顔に油を塗ってたくさん食べているような顔で断食をしなさいと言うのです。つまり〈我々の世界〉において、見せびらかしの行為としての断食をしてはいけない。私と神との関係なのだから、人に知られないように、自分だけの行為として、断食をするべきであるというのです。このように、モーセ教はイエスの言ったことに反する方向に行ってしまう恐れがあります。パウロ教も「人類は救われた」と言いますが、これも一つの共同体の中での合言葉、あるいは共同幻想みたいな話になってしまいます。しかし、実存的に言うと、救われたかどうかは私が安心して生きていけるかどうかの話であって、〈我々の世界〉の話ではないのです。

7　聖霊と聖人と聖母と

このような三つのオリジンともいうべき流れがキリスト教にはありますが、実はそれだけではなくて、二〇〇〇年にもなるキリスト教の歴史的展開の中で、信仰のあり方に三つの特徴が根強くあります。聖霊への信仰、聖人への信心、聖母への信心です。信仰や信心というのは〈我の世界〉に関係してきます。たとえば聖霊への信仰。イエスの弟子達は、イエスが処刑された後で散らばっていたのですが、それがまた集まって、それでも不安でいた時に、ある日突然、皆霊感を受けたようになって、それからというもの、皆死ぬのも怖くなくなって、いろいろなことを、自信を持って語り出したというのです。イエスが復活したから霊感のようなものを受けたのではなく、聖霊が下った途端に弟子達は皆ガラッと人間が変わってしまったのです。イエスが捕らえられた時にイエスの弟子であることを否定したあのペテロでさえも、結局は一番危険なローマへ行って、イエスは神の子であったということを述べ伝えて、捕まって殺されてしまいました。聖霊への信仰は初代教会からずっと今にいたるまで強く続いています。これはキリスト教の伝統の中に、〈我の世界〉の原理になるようなものが非常に強くあることを示しています。〈我の世界〉ということでは、一つの基本メッセージとしてイエスの教えがありますが、一つのエネルギーとして、生き方を支えるものとして聖霊信仰があるのではないかと思います。

そして聖人への信心。これは初代教会の最初の頃ステファノという人が殉教するのですが、この人に対する尊敬が最初のきっかけであると言われます。そしてキリスト教のために死んだ殉教者、キリスト教世界ですぐれた生き方をした聖人に祈るとよいことがあるという信心になっています。よく外国から来た神父さん達が「日本は神道で八百万の神で、誰でも人間を神に祭り上げてお祈りしている」と笑うのですが、失せ物があると聖人アントニオにお祈りすると出てくる、異教徒征伐の十字軍なら聖ヤコボにお祈りすれば戦闘に勝てるなど、キリスト教でも昔から同じようなことをやってきたのです。こうした聖人への信心は、人情の自然とでも言うべきものであって悪いことではないのですが、結局は〈我々の世界〉の方に片寄りがちになる気持ちの持ち方だろうと思います。三つ目は聖母への信心ですが、これは〈我々の世界〉にも〈我の世界〉にもどちらにもまたがるものではないかと思います。人間というのは一人で生まれて、一人で生きて、一人で死んでいくということはよく分かっているのですが、どこか心の奥底に寂しい不安な部分があるものです。すると大きな何かに抱かれて安心したいという気持ちが生じてきます。昔から地母神、女神への信仰が世界各地にあって、それがキリスト教では聖母への信心になったのでしょう。現実の聖母マリアというのは聖書を読むと、なかなか息子イエスとうまくいっていなかったようです。息子が処刑された時は、その場に行って泣いたそうですが……。後になってだんだんと神格化されて聖母の信心になったわけです。これは非常に土着的な、どこの国のどのような宗教にも広く見られる信仰様式のキリスト教版と言っていいでしょう。このような三つの伝統的な信仰・信心の形態がありますが、私はその三つの中で特に聖霊への信仰というものは非常に本質的で重要な意味を持つものと考えています。聖霊とは息吹のようなものだと言われたり、火のようなものだと言われたりしますが、基本的には各自の内面世界に燃えるものをもたらす何かであろうと思います。

カトリックの二〇〇〇年の歴史の中では、結局は〈我々の世界〉で展開する話が非常に多く見られます。たとえばローマ皇帝が召集した公会議なのです。ローマ帝国の国教という形で展開しましたから、カトリックの土台となる教義を決めたのは、ローマ皇帝が召集した公会議なのです。つまり、世俗的な権力構造に組み込まれた〈我々の世界〉的な体制そのものだったという時期がありました。そして、地域によっては、これとは逆に、反政府運動の原理になった時期もあります。しかし、カトリックもしぶとい宗教ですから、〈我の世界〉への関心が基盤にずっと流れてきています。これは注目しなければならない点です。たとえば、自分の持ち物をすべて捨てて、自分の純粋な精神的な世界だけで生きるという清貧への志向は、一一世紀や一二世紀には弾圧されたのですが、フランシスコ会などの托鉢修道会として残っています。そうした精神主義的な運動も長い歴史の中で繰り返し繰り返し出てきているのです。

8　本物の宗教性を求めていきたい

今日申し上げたかったのは、二つあります。日本の社会で宗教関係者だけで集まって、宗教教育のことを考えるのは簡単でしょう。しかし、現実には日本社会の多くの人が、宗教のことをやはりどこか疎ましいものであると思っています。それには宗派性、狂信性、運動性のようなものがどこかに引っ掛かっているからです。でも、本当の宗教とはそのようなものではありません。本物の宗教には必ず〈我の世界〉という課題があります。〈我々の世界〉と〈我の世界〉という視点から考えてみることによって、本当の宗教というものの見方、考え方、あるいは宗教教育のあり方が見えてくると思います。狂信的で宗派的な意識に凝り固まって、自分の属する集団を拡大しようと猪突猛進するような子どもを育てていくのではなく、自分に与えられた一生を充実した形でわくわくしながら生き切っていける子どもを育てたいものです。自分が今、人間として存在して、意識の世界を紡ぎ出していることがいかに貴重か、その感謝と喜び、そしてそうした意識の世界を持っている間、充実した形で生き切っていける、といったことにつながっていく宗教教育はこれからどうしても必要です。この意味での宗教教育とは、別の言い方をすると真の心の教育です。人間教育です。ここに述べてきたような意味での宗教教育を、これから皆さんとごいっしょに追求していかなければならないと考えています。

＊本稿は、二〇〇一年八月一八日、心の教育実践交流会基調講演で話した内容を、整理したものである。

附章4　日本の伝統的美質である宗教多元主義の尊重復興を（二〇一二年）

1　宗教はなにゆえに忌避されるのか

これからの日本社会ではもっと宗教が大事にされるべきだ、そのためにも学校で宗教教育をもっとやるべきだ、などと言えば、現代日本の知識人の多くは、まずいやな顔をするのではないでしょうか。

——日本人の意識や生活の中で宗教が重視されるようになれば、宗教宗派ごとの集団が跋扈することになり、日本社会に深刻な分裂がもたらされる——

——宗教が重視されるようになれば、日本人の精神が総体として非理性的で非科学的なものに堕してしまうことになる——

といった厳しい批判的反応が噴出することになるのではないか、と思われます。

多くの現代人の持っている宗教なるもののイメージは、「独善的で排他的である」ということ、そして「自然科学なり合理的思考なりに反することを主張し信じさせる」ということではないでしょうか。たしかに、アメリカやヨーロッパでは「セキュラライゼイション（世俗化）」が進み、人々が以前ほどキリスト教会に行かなくなってきたからこそ、合理的精神にもとづく議論が広範に行われるようになった、という見方もあります。また、宗教間の長年月にわたる反目・敵対関係が緩んできたのも、宗教的色彩が社会から薄れてきたお陰だ、という声もあります。さらに言えば、日本の社会はこうした「世俗化」の点では先進国の位置を占めており、欧米は日本の歩んできた非宗教化の道をこれから否応なく進んでいくことになる、という見解もあります。

こうした中で、「これからの日本社会ではもっと宗教を復興させ重視すべきだ」などと主張しようものなら、「どうして世俗化という現代的な動きに逆行する反動的な主張をするのか！」という反発を受けるのも、ある意味で自然なことでしょう。

2　宗教多元主義という大前提

従来のキリスト教など「一神教」は、「我が神のみ尊し」という信仰を持ち、自分達の信徒集団のみが「神から選ばれたもの」という排他的な考え方（選民思想）をしがちでした。また、最も平和的と考えられる仏教系を含め、さまざまな宗教宗派の中には戦闘的に他宗教他宗派を攻撃し、自分達の宗団以外の存在は認めない、という姿勢を示してきたところもあります。こうした独善的排他的宗教が盛んになって、なおかつ社会が統一された姿を保つためには、その宗教宗派のみによって社会が統一され、他の諸宗教宗派は禁圧される、ということでなくてはならないでしょう。

しかしながら、私の考える「日本社会における宗教の復興と重視」は、そうした単一宗教による社会的統一のことではありません。それぞれの宗教宗派を、反社会的であったり非人間的であったりしない限り互いに認め合う、という「宗教多元主義」を大前提としているのです。

イスラム世界に対する十字軍や、カトリックとプロテスタントの間の長年にわたる血生臭い宗教戦争、等々といった非寛容で排他的な宗教的行動を歴史的に示してきたキリスト教世界においてさえ、「宗教多元主義」への動きが現在拡がりつつあります。たとえばイギリスでは、プロテスタントの宗教学者・神学者J・ヒックが一九八〇年に公刊した『神は多くの名前をもつ』（アメリカ版は一九八二年に刊行。日本語翻訳版は一九八六年に岩波書店から刊行）が知識人の間でベストセラーになり、大きな話題となりました。

ヒックは、自らはキリスト教の立場に立ちながらも現実の英国社会に進む宗教多元化現象を確認し、それぞれの宗教宗派が独自の伝統に立つ宗教生活の様式や宗教的儀式等々を持つであろうが、超越的実在（ただしそれぞれ異なった言葉で呼ばれ、異なった形でシンボライズされているが）に対する意識を共有していることを認め合い、互いに対話し、学び合うことを主張しています。

これより早く、キリスト教の中で最も伝統的な教派であり、また一二億の信徒を擁する世界最大の宗教教団であるカトリックは、一九六〇年代前半（一九六二〜六五年）に世界中から三〇〇〇人近くの高位聖職者と哲学者・神学者を集めて第二バチカン公会議を開催し、諸宗教との対話と宗教多元主義の原則の確認、という基本姿勢を打ち出し、宣言しております。

3　宗教各派の「人間革命」への呼びかけに対する尊崇の念を

さて、宗教多元主義の原則の上に立って諸宗教を尊重するとしても、そのことが人々の非理性化をもたらし、迷妄の中に人々を誘い込むようでは困ります。

世界の大宗教と呼ばれるものは、仏教でもキリスト教でも他の諸宗教でも、われわれの陥りやすい「暗黙の公理」的な自己意識のあり方に対して大転換を促す教えを共通に持っています。端的に言えば「個我へのこだわり」からの解放です。

私達はどうしても、「自分」の生命、「自分」の意志、「自分」の責任で生きていると考えがちです。そして、幸不幸も「自分」の状態如何のことであるとしか考えません。私達が「個我」としての意識世界を持って生存している以上、このことは当然でしょう。しかし、どの大宗教であっても、まずこの点についての根本的な意識の転換を、すなわち「人間革命」を迫るのです。

神聖な場において「崇高な存在」とのかかわりを感じ取る、祈禱や念仏などを通じて「神仏」のまなざしを感じるといったことは、「個我へのこだわり」から脱却するためのすぐれた道です。もっと徹底した形では、座禅における「見性」体験、さまざまな神秘体験における「忘我」の境地、に導いていくこともできるでしょう。

『旧約聖書』（元々ユダヤ教の教典でありキリスト教の教典の一部ともなる）の「ヨブ記」には、数々の試練を受けた義人ヨブが、「私は裸で母の胎を出た。裸でそこに帰ろう。神は一切を与え給う、そして神は一切を奪い給う。神の御名は褒め称えられよ！」と口にする場面があります。「個我へのこだわり」から完全に脱却した境地を示すものでしょう。

こうした土台の上にはじめて、「敵をも愛せよ」というキリスト教の「愛」が、そして仏教の「慈悲」や「菩薩道」が出てくることになるのです。

こうした「個我へのこだわり」からの脱却が実現していくならば、私達の理性もいっそう輝きを増すでしょうし、迷信的なものに落ち込むこともありえないことになります。「自分」の一身上の利己的な欲望や願望を実現するために祈禱する、行をする、といった形で宗教を利用しようとするからこそ非理性的な考え方や迷信に落ち込んでしまうのです。

4　日本の精神的伝統に、そして祖師に立ち返る

ここに述べてきたところは、実は、日本の伝統・文化の中に底流として流れてきたものなのです。「宗教多元主義」に徹すべきことは、たとえば、一五世紀室町時代中期に刊行された絵入り仮名法語『一休骸骨』の次の歌にも示されているのです。

——分け登る麓の道は多けれど　同じ高嶺の月を見るかな——

いろいろな宗旨はあるけれど、結局極めていけば、同じ真理に辿り着くものだ、という意味です。こ

の歌は後の時代にも繰り返し引用されてきています。

江戸時代にいたるまで、その時代その時代の権力者は、激烈な形での宗論（宗派間の教義論争）を禁じ、非妥協的に「我のみ真理を持つ」という排他的独善性を貫こうとした宗派を弾圧してきました（たとえばキリシタン禁制の理由づけの一つに、寺社の破壊があげられています）。また、本地垂迹などの形で明治維新まで神仏混淆が常態となっています。こういったことも、「宗教多元主義」が日本社会の伝統とされてきたことの証左でしょう。

釈迦もイエスも、一つの宗教宗派の絶対性を主張した方ではありませんでした。それぞれの説法の中では、非常に大らかに、さまざまな宗教的伝統を認めています。

イエスの場合なら「良きサマリア人のたとえ」に見られるように、当時のユダヤ教徒（イエスはユダヤ教徒であった）には入らない「サマリア人」の方が、行いによってはユダヤ教の聖職者より高く評価されるべきことを述べているのです。

そして、釈迦の教えも、イエスの教えも、結局のところは、「個我へのこだわり」からの脱却をモチーフとしたものでした。釈迦の教えの場合には、まさに「執着からの離脱」が中心的な位置を占めます。イエスの場合なら、「幼子の如くなれ」と教え、また「山上の垂訓」に見られるように、「貧しい人」「泣く人」「飢えている人」は幸いであると、パラドクシカルな形で人の幸福・不幸について教えるのです。

もちろん、「宗教」という名で活動している集団ならどのようなものであってもいい、というわけにはいきません。たとえばオウム真理教を名乗った反社会的犯罪者集団のことをわれわれはいつも思い起こすべきでしょう。また、宗教活動を装った詐欺集団の摘発も繰り返されているところです。

「高嶺の月」を見ることができるところまで私達を導いてくれる宗教でなくては、だめなのです。同時に、「分け登る麓の道」が何本もありうるということを認めてくれる宗教でなくては困ります。こうした大前提の上に立って、今こそ日本社会に真の精神的深さ高さを持つ宗教的伝統を、一人ひとりの実感・納得・本音に即した大らかな形で復興していかなくてはならない、というのが私自身の考え方です。皆さんのお考えはいかがでしょうか。

＊『弘道』への寄稿にもとづく（第一〇七八号、二〇一二年五～六月号、一二～一六頁）。

附章5　偽善とは何か——自分自身を生きるということ（一九九二年）

偽善という言葉があります。この言葉には、虚栄とか利己主義の匂いがどこかにつきまとっています。人に見せるために良いことをやるけれど、心の底には汚いものがある、といったニュアンスがあります。うわべだけを飾るとか、格好つけばかりする、といった感じがあります。『広辞苑』（第四版）では「本心からでなく、みせかけにする善事」と言っています。

私は若い頃、「偽善だって善だ！」「何もしないより偽善でもした方がましだ！」と、よく口にしていました。たとえ心はどうであっても、たとえ上辺だけの行為であっても、たとえ格好つけだけのことであっても、良いことをするのなら結局は世のため人のためになるじゃないか、だから、偽善だろうとなんだろうと何もしないより格段にすぐれた行為じゃないか、というのがその理由でした。今でも、プラグマティックな意味では、そう考えないわけではありません。さらに言えば、人のやることを偽善とかなんとか批評しながら自分では何もしない、といった冷ややかな傍観者的態度は、精神の衰弱ないし脆弱を示すものとして、昔も今も私の最も嫌うところです。

しかし、やはり偽善は辛いな、というのが昨今の偽らぬ心情です。他の人の偽善を見るのも辛いし、自分の中に偽善を見るのはもっと辛いものです。どうしても心安らかならぬものがあります。人間としての根本的な弱さ、腐敗、堕落した姿、を見せつけられるような気がするのです。

1　イエスの偽善嫌悪

二〇〇〇年前にイエスも、そうした「偽善嫌い」の感覚を強く持っておられたように思います。私は赤ちゃんの時からのカトリックなので、どうしてもイエスがこだわったことに無関心ではおれません。イエスは、はっきりとした「偽善嫌悪者」だったと言ってよいでしょうが、いったい偽善のどういうところに特にこだわったのでしょうか。

たとえば、貧しい人に対する施しの話があります（マタイ福音書六－一～四）。偽善者達は人々から誉められようと、会堂や通りで、ラッパを吹き鳴らしながら施しをするというのです。しかしイエスは、あなたが施しをする時は、右の手がすることを左の手にも知らせてはならない、つまり隠れて施しをするのでなくては何にもならない、と言います。

また祈るにしても、同様に、本来隠れてすべきだと言います（マタイ福音書六－五～八）。偽善者は、人に見せようとして会堂や街角に立って祈るのを好むけれど、本当は奥の部屋に入って戸を閉め、隠れたところにおいでになるあなたの父に祈るべきなんだ、と言うのです。断食についても同様のことを言っています（マタイ福音書六－一六～一八）。偽善者は自分が断食していることを人々に知ってもらうため、暗い顔つきをして断食するけれど、あなた達は頭に油を塗り、顔を洗って、断食していることを人に知られないようにして断食しなさい、と言うのです。

さらには、こうした形で「人々に知られるために」善行を行う偽善者は、そのことで自分自身を「よし（義）」とし、他の人に対して自分を誇り、他の人の行為を批判する（裁く）傾向があるともイエスは指摘します。たとえば、当時のユダヤ人の中で律法を厳守する正統派を自認していたファリサイ派の人達を引き合いに出して、イエスはこう言うのです（ルカ福音書一八－一〇～一四）。神殿に立った一人のファリサイ派の人が、胸を張って、心の中でこう祈ったというのです。「神よ、私は他の人達のように、強奪者や不正直な者や姦通の罪を犯す者でなく、また（隣にいる）この徴税人のような者でないことを、あなたに感謝します。私は週に二度断食し、全収入の十分の一を神に捧げています」。しかしイエスは、神はこういう人を正しいとは認めないのだ、と言います。

それどころか、イエスはこうしたファリサイ派の人達に対して、「のろわれよ！」という怒りの言葉さえ発しているのです（マタイ福音書二三－二三～二八）。「あなた達は、薄荷やウイキョウなどの収穫物の十分の一を納めてはいるが、律法の中で一番大事な正義と慈悲と忠実を無視している」と言うのです。そして「あなた達は白く塗った墓のようだ。外はきれいでも内は死人の骨と汚れに満ちている。外面は他人の目に義人のように見えても、内面は偽善と不義に満ちている」とまで言うのです。

ここで言われていることから、イエスの持っていた偽善についての感覚として、少なくとも次の三つの点に注目しておく必要があるのではないでしょうか。

まず第一に、偽善ということは判断や行為の拠り所が人々の承認や賞賛にある、という点です。これは現代の私達にも深い反省を迫る点であると言ってよいでしょう。まわりの人が拍手してくれると何でもやってしまうけれど、まわりの誰もが冷たい目で見るようなことは足がすくんでどうしてもやれない、というのが現代人の多くの姿です。「豚もおだてれば木に登る」という言葉がありますが、まさにこのことです。しかし本当は、誰も手を叩いておだててくれなくても登るべきだと自分で思ったら自分で木に登るべきでしょうし、誰もが手を叩いて囃（はや）してくれていても自分で登るべきでないと思う時には、どんなに格好悪くても木の下に止まらなくてはならないはずです。しかし、現在はそこまで誰も考えないのではないでしょうか。今の風潮は、人々に受け入れられ好かれること、人々にもてはやされ人気があること、を無条件によしとするものになっているように思うのです。

　第二に、偽善ということは心のこもらない行為である、という点です。心がこもっているとかこもっていないとかいうのは、内面の状態と外面への現れとの関係を問題にすることです。たとえば、内面に他の人への共感と愛があってそれが外面に現れて施しという行為になる、というのならいいのです。同様に、内面に神への畏敬と愛とがあってそれが外面に現れて祈りという行為となるのならいいのです。しかしイエスは、偽善者の行為は「人に見せるため」（マタイ福音書六－五）だと言うのです。内面と外面とが切れてしまっているのです。内面に何もないまま、外的な行為が独り歩きしているのです。こんな見せかけの態度や行為が習慣になってしまうなら、人格が分裂してしまったり、内的なエネルギーが枯渇してしまうことになります。これもまた、当時のユダヤ人だけでなく、現代人の多くに見られる姿と言ってよいのではないでしょうか。

　第三に、偽善ということは、自己満足へと導かれ、傲慢へと導かれ、それによって他の人達を容易に裁いて（批判して）しまう態度に導かれがちになる、という点です。自分自身に対する振り返りがないまま、他の人達から認められ誉められることだけで満足する習慣がついていくとするなら、誰からも認められない、誉められないような人達への共感はなくなっていくでしょう。決まりを厳しく守っていることに満足し、決まりの厳守を絶対視するような感覚が育っていくとするなら、そうでない人に対しては軽蔑の念しか持てなくなるでしょう。これもまた、当時のユダヤ人だけのことではありません。現代社会においても、自分（達の仲間）だけが正義を持っている、と固く思い込んで、自分と意見の合わない人、自分（達の仲間）で基準だと思い込んでいることに背いたように見える人に対し、「糾弾だ！」と厳しく批判する人がいます。そこまでいかなくても、自分（達）だけは真面目にやっているのに、どうして他の人達は……と嘆く人がいます。イエスは、自省自戒の姿勢を欠いたままの「素朴な」思い上がりや傲慢に対して、非常に厳しい感覚を持っていたように思うのです。

2　イエスの言葉を生きるということ

ところで、自分のことをクリスチャンだとかキリスト教徒だとか言う人がいます。もちろん、その人が現実に必ずしも「良い人」というわけではありませんし、必ず「良い人」でなくてはならないとも思いません。「良い人」というのはふつう、周囲の人達からそう思われ、そう評価される、ということだからです。クリスチャンとかキリスト教徒というのは、本当は、「良い人」であるかどうかとは別のことなのです。クリスチャンとかキリスト教徒というのは、二〇〇〇年前のイエスを師匠とし、その師匠の言行を念頭に置きながら生きていこうとする人である、と言ってよいのではないでしょうか。だから本当は、洗礼を受けてどこかのキリスト教系の教団に属しているということとも無関係のことなのかもしれません。内村鑑三や矢内原忠雄などといった無教会主義の人達は、そう考えていたわけです。もちろん人間は弱い存在ですから、イエスの言葉を生きていくといっても、仲間や組織のないまま独力でそれをやっていくというのは、現実には至難の業でしょうが。

自分がクリスチャンとかキリスト教徒とかであるかどうかは別として、問題は、たとえばイエスの言葉を生きるということは、イエスがさまざまな形で述べた具体的な態度や行為を忠実になぞっていけばそれでいいのか、ということです。別の面から言えば、イエスの言葉通りに生きていると人々に認められればそれでいいのか、ということです。ここに偽善という言葉で言われてきた諸問題がかかわってくることになるのです。

自分はイエスの言葉通りに生きている、そのことは多くの人によって認められている、という自信を持ったクリスチャンなりキリスト教徒もいるでしょう。しかしよほど注意しないと、そういう人は、イエスの一番嫌った生き方を、「イエスこそ私の師匠だ!」と口にしながら現実にはやってしまっている、ということになります。もしもそういうことがあるとするなら、まさに逆説的な事態であり、とても滑稽なことと言わなくてはならないでしょう。

「良い人」として認められたいかどうかは別にしても、人間誰しもなんらかの見栄を張りたいものです。皆から認められ評価されたいものです。だから、何かの意味で人にうらやましがられるような生活をしたい、と思ったりすることもあります。それは、ある意味で人として自然な気持ちです。だから、それを否定する必要はありません。しかし、そういうことだけでやっていくとしたら、「自分の人生はいったい何だったんだろう？」と思う時が来るのではないでしょうか。見栄を張って、見せびらかしでやっていっても、結局は空しいのです。その空しさに気づくのは、若さがなくなってきた時でしょう。生理的な年齢が若い時には、エネルギーにあふれています。だから、見栄を張っても、見せびらかしに一生懸命になっても、空虚な、寂しい気持ちを味わわなくてもすむかもしれません。あるいは、見栄を張れば張るほど、それこそが生きる楽しみだ、と思うかもしれません。しかし、いつか必ずどんでん返しがきます。だんだん、生物としての勢いがなくなってくる、見栄を張って、みかけだけ格好つけて、人々のうわさ話の中でうらやましがられて、といった生き方をだんだん「アホなことをやっているなー」と思う時が来ます。

さきほど見てきたように、イエスは何度も、外面だけの格好つけの空しさについて語っておられます。良いことをしなくてはいけない、が、なかなか素直に良いことができないのが人間です。ラッパを吹きながら、皆に自分が良いことをやっていることを知ってもらいながらでなくては良いことができない、というのが人間の現実の姿です。せっかく良いことをしても、それを自慢話の種にしてしまうのです。しかしそんなことをやっていたら、いつかは自分の内部に空洞を感じることになるのです。だから「右の手が良いことをしても左の手にもそれを教えてはいけない」とイエスは言うのです。

そのうえに、自分が何か良いことをすると、自分の周りの人はそういうことをしていないように見え、自分が勝った、あいつはだめだ、と思う時があります。それだけならいいけれど、「あんたもこんな良いことしなさいよ。やらないのは怠惰ですよ。意識が低いからですよ」などと、偉そうに言いたくなってしまいます。しかし、本来、人を裁いてはいけないのです。人それぞれに事情があるわけですから、人のことに干渉してはいけないのです。しかし、人間としての弱さから驕り高ぶりになってしまい、どうしてもいらぬお節介をしてしまうことになるのです。

3 まなざしの意識

偽善ということは、結局は「まなざし」の意識と関係してきます。誰かが見ていてくれると、張り切って頑張れますが、誰も見ていてくれないと、なかなかやる気が出ません。小さな子どもは、先生や親が自分をにこにこ見てくれていると安心して遊べます。しかし自分の方を誰も見てくれていない時には、寂しくて、どうしようもなくなります。そういう時は、嘘をついてでも先生の関心を自分に引きつけようとしたり、とんでもない悪いことをして「先生が自分のことを見てくれないかなー」と思ったりするのです。子どもは純真で天使、というイメージがありますが、それは大間違いです。子どもも大人も、天使の面もあれば、悪魔の面も持っているのです。

いずれにせよ、誰もが温かい「まなざし」で自分のことを見ていてほしい、という願いを持っています。つまり人間は、「まなざし」によって支えられる、という面を持つのです。まわりから無視されると、気持ちが空虚になって寂しくなります。誰かに見ていてほしい。さらには、誰かに、拍手をしてほしい。それによって、やる気が出てくるのです。人間誰しもそういう面を持っています。「豚もおだてれば木に登る」という言葉は、まなざしが自分に注がれていないと安心できないというだけでなく、熱いまなざしが自分に注がれ、拍手までしてもらえるということになると、とんでもないことまでやってしまいがちな弱さを持っている、ということを言っているのです。

しかし何かのきっかけで、周りの人のまなざしや拍手を頼りにやっていくと危険だ、ということに気づくことがあります。周りの人のまなざしの中で関心を集め、拍手をしてもらいたいということなら、見栄を張ればいいわけです。このこと自体は悪くありません。しかし、見栄を張ってばかりではしんどくなります。そういう中で、別のタイプのまなざしを求めるようになることがあります。他の人のまなざしは、ちょっとしたことで変わってしまいます。冷たくなります。だから、他の人のまなざしばかりに頼っていると、気持ちが天国から地獄に落ちてしまうことになることがあるのです。そうすると、周りの人の不安定な目ではなく、もっと安定した信頼できるまなざしが欲しくなります。

このために、一つは、自分自身を自分のまなざしで見守る、という方法があります。『万葉集』にも「吾し知れらば知らずともよし」(自分がそのことを知っているのだから他の人が知らなくてもいい)という歌があります。自分で自分自身のことが本当に分かっているのなら、自分で是とすることはやり、非とすることはやらない、という態度が可能となります。つまり、皆が拍手してくれても自分に合わないことをやってしまうなどということはやらなくなる(たとえば木には登らない)はずです。逆に、誰も拍手をしてくれなくても、皆が冷たい目で見てても、みっともなくても、格好悪くても、自分でやらなくてはならないと思ったら(たとえば自分が格好悪くても木に登らなければと思ったら)、木にでもなんにでも登っていくことができるようになるはずです。そういうことができたらすばらしいことでしょう。そういう人は、自分自身との本当のつき合い方を知っているのです。人の目の中に自分のことがどう映っているのかを気にしてばかりいては疲れてしまいます。大事なことは、私の目の中に私のことがどういうふうに映っているか、なのです。

しかし、私の目の中に私自身がどう映っているかを気にしすぎますと、これもまた、しんどいことになります。人間は、気持ちが高揚する時と、沈む時がありますが、高揚している時は、「私もまんざらではないな」と思います。しかし、気持ちが沈んでいる時は、「私はなんでいつもこうなんだろう」と落ち込んでしまうのです。そういうことで、自分の目ばかりを頼っているわけにはいかないということになることがあります。そうすると人間を超えた神仏のまなざしが欲しくなってくるのです。神様や仏様が自分のこういう姿をどう見てくれるのだろうか？　これで良しとしてくれるのだろうか？　こういう気持ちの持ち方です。たとえば、戦国の武士は、戦いに出る時、「南無八幡大菩薩　御照覧あれ」と祈ったそうです。戦いの中では、お互いがもう大変で、人がどう戦っているのか見えません。自分がいい戦いをしたからといって、周りの人が拍手をしてくれるわけでもありません。そんなことを気にしていたらすぐに切り殺されてしまいます。やるべきことを必死にやらなければいけないわけです。自分のことはすべて忘れて、死に物狂いで戦わなくてはいけないのです。そういう時に、誰が、自分の戦いを、自分の働きを見ていてくれるのだろうか？　それこそ〝八幡大菩薩〟なのです。神仏のまなざしが私に対して注がれていることを信じ、すべておまかせして、私は我を忘れて頑張る、ということです。人がどう見ようが二の次、三の次です。そうすれば、見るべき方がちゃんと見ていてくれるだろう。これが神仏のまなざしにまかせるということです。

イエスもまた、繰り返し、神は隠れたところまで見てくださっているのだ、一人の人の心の中と行為とのすべてに対して常にまなざしを投げかけておられるのだ、と強調します。自分に対する神のまなざしへの絶対的な信頼が、イエスの教えの土台にはあるのです。祈りというのは、本来、こうした神から自分へのまなざしと対話することなのです。

いずれにしろ、たとえ一〇〇歳まで生きたとしても、上手に自分を支えてくれる超越的なまなざしに信頼する気持ちを身につけていないと、結局は右往左往して、あっちを見ていいことを言う、こっちを見て格好つける、といったことで終わってしまいます。あるいは、それがうまくいかない時には、「これで私はいいんだ」と意固地になってしまうことになります。人々のまなざしは大事ですが、自分ということ、人々ということを超えた何かに身を任せて生きていくということをイエスは教えてくれています。たしかに、このことはしんどいことですが（師匠イエスの言葉はいつでもしんどい面がありますが）、本当に主体的能動的に生きるための基本として、本質をつく教えではないでしょうか。

4　自分の実感・納得・本音の世界を深める

まわりの人が拍手してくれるわけではない。自分でこれで良しと必ずしも思えるわけではない。だけれども私はやるだけのことはやっていく。これが一番大切なことなのでしょう。ここで大事になってくることが、偽善を捨てるということなのです。

偽善といっても、もちろん、いつでも意識的なものではありません。ちゃんと自分自身でやるべきことをやっているつもりなんだけども、つい他の人達にもそのことを知ってもらいたくなって、ラッパを吹く。他の人に対して、あるいは自分に対して、「私はこれだけのことをやったんだ」と誇りたい気持ちを持つ。そうすると、たとえすばらしい行為であったとしても、それは純粋なものでなくなります。自分の内面に拠り所を持ったストレートな、直裁な行為でなくなります。人の目を気にする、自分の目を気にする、そういうことで要らぬ要素が入ってきてしまっているのです。自分の内面に本当の促しがあってやったことなら、人に言いふらす必要などないのです。「右の手がいいことをやっても左の手にそれを教えるな」と言われているのはそういうことなのです。

逆に言うと、自分の内面に何か純粋な促しが起こってくるかどうかなのです。そういう自分をなんとか作っていかないとだめなのです。これは結局は、自分自身の実感・納得・本音の世界を深めていくことです。たとえば、音楽を聴くということでも、本当に音楽を聴いて自分でピンとくる、あるいは「あこれで気持ちが和んだなー」という思いを持つ。こうしたやり方で音楽を聴くのは、自分の実感・納得・本音の世界での受けとめ方です。しかし、「これは、高尚な音楽と言われているから聴いておかないと……」ということであれば、これは義理でしかありません。義理でやっているか、それとも実感・納得・本音でやっているか、外からは同じように見えても、根本的に違うのです。本を読んでも、絵を見ても同じことです。だから自分にとって何が本当に良くて、ピンとくるのか、探さなくてはならないのです。

大事なのは、自分にピンとくるものの世界が自分の中にできているかどうかです。長い年月生きてくれば、それ相応の知識も身についています。技能も身についています。しかし、大事なのは、自分自身の中に、自分にピンとくるもので詰まった内面世界ができているかどうかでしょう。それがないと、見栄を張るより仕方がないということになります。自分で充実感を味わうには、周りの人に拍手をしてもらうより仕方がない、ということになります。イエスの教えの大事な点の一つは、本当に充実した生き方をするためには、世間のことでなく、自分の内面世界のことを考えなさいということです。自分の内面に自分の財産をつくるということです。内面世界に自分のピンとくるものをたくさん積み重ねていくことです。

『論語』の中で孔子が、「君子は和して同ぜず。小人は同じて和せず」と述べています。君子のような自分で常に何かを求めて努力しているような人は、人と上手に調和するようにしているけれど付和雷同はしない。逆に、小人と呼ばれるようなその日暮らしの人は、付和雷同ばかりしているが本当に調和することはない。他の人と協調して生きていくにしても、「和（調和）」と「同（付和雷同）」があるというのです。今の時代は、付和雷同ばかりのように見えます。「みんながこういうことをやっているから私もやらなくては……」ということで動く人が多いのではないでしょうか。付和雷同は、結局は競い合いになってしまいます。自信を持ってマイペースで行動できるのが君子ですが、それができるためには、自分の内面に何か拠り所になるような、何かができていなければなりません。付和雷同ではだめなのです。私は私、拍手されようがされまいが私はこれをやらなくてはいけないからやる、しかし同時に、他の人達と衝突しないよう上手に協調していく。これが君子です。そのためにはやはり、自分の実感・納得・本音の世界がきちんとできていないといけないのです。

偉大な宗教的指導者は皆同じことを言っています。「内面に自分なりの生きていく原理をつくらなければならない」と言うのです。このためにも、自分にとっての真実を大事にする習慣をつくっていかなくてはならないでしょう。その場の雰囲気だとか権威、権力に流されていたのではどうにもならないのです。「私は」という世界をリザーブしなくてはなりません。格好つけて、うのみにしたり、うろ覚えしたりしないことです。自分が本当に分かったことだけ大事にしたいものです。さらに進んで、自分にとっての真実を深め広げていくことに努力したいものです。義務や義理でやらなければならないことが日常的にはたくさんあります。しかし、そうした中であっても、自分のペースで自分のやりたいことをやっていく時間を持ちたいものです。そういうフリーな時間を活用して、自分にピンとくるものを探していくのです。格好悪くてもいいのです、自分にピンときさえすれば。

5　異なった内面世界を持つ人のことも考えながら

しかしながら、誰の目にも同じ景色が同じように映っていることなどありません。一人ひとりで見えてるもの、聞こえてるものが違うのです。共通の世界に誰もが住んでいるわけではありません。誰もが自分の世界を生きていくより仕方がないのです。同時に他の人の世界にも、自分と異質の世界にも心を開いて、「私はこれがピンとくる。だけれどもあの人はこういうことはつまらないと思っている」といった違いに気づかないといけません。議論してどちらが正しいのか、ということでは必ずしもないのです。「私はこう思うけれどもあの人は違う」という基本的な違いを洞察しておかないと、一人よがりになってしまいます。特に、真面目な人ほど、自分の正義を絶対のものと思ってしまいがちです。他の人には正義がないとして裁きたくなってしまいます。実は、正義は数多くあるのです。本当の正義は一つしかない、などと安易に思わない方がいいのです。一つの正義に凝り固まるのではなく、いろんな正義に対して、私はいちおうこう思うけれどもあの立場の人、この立場の人はどう思っているのだろうというふうに心を開いておかないといけないでしょう。そうでないと結局は自分の正義を押し立て、押し通して、いっしょにやらない人は皆悪魔だ、というようになってしまいます。たとえば私の所属するカトリック教会は、そういうまずいことを、つい三〇年前の第二バチカン公会議まで、二〇〇〇年の歴史の中で繰り返しやってきました。宗教団体の怖い点は、自分のところにしか正義がない、自分のところに入らない人は救われない、自分のところと敵対する人は皆悪魔だ、という発想になってしまうことです。

一人ひとりが自分の中に「これは自分にとって大事だな、これは自分にピンとくるな」というものをつかまなければどうにもなりません。しかしこれと同時に、自分と違うところでピンときている人を大事にして、違いを違いとして認め合いながらうまくつき合うことを学んでいかないといけないのです。自分の中になまじ原理を持てば、そうした手のつなぎ合いができにくくなることもあります。自分の原理を持ちつつ、違う原理の人とも協力関係を持つ、これが本当の意味での課題にならなくてはなりません。そういう意味での自分の実感・納得・本音の世界を大事にすること、自分の内面の世界を大事にすること、を考えていきたいものです。これがなくては、結局は自分の人生ということにならないのです。

6　イエスの教えとの御縁を大切にしつつ

いずれにせよ、卒業生の皆さんがキリスト教主義の大学に学んだということは、ここで話してきたような生き方の問題を考えてみるチャンスをいただいた、ということに他ありません。なんらかの形でイエスのメッセージとの御縁ができたということは、自分の内面の世界を大事に生きていく、自分の内面に拠り所を持って自分の内面の充実を大事にしてやっていく、というきっかけが与えられたということです。周りの人の承認とか拍手とかに依存しない本当の自分の人生を生きていくきっかけが与えられたということです。偽善という言葉に象徴されるような、見栄と格好つけの空しい人生の送り方に訣別するきっかけが与えられたということです。

皆さん一人ひとりが、こうした御縁を持つことができたことに感謝しながら、これからの長い人生を実り多い形で送っていただきたいと、心から願っています。

＊本稿は、一九九二年三月一一日、大阪キリスト教短期大学での卒業礼拝の折、卒業生に対して話した内容を、整理したものである。

附章6　宗教教育の再興（二〇〇一年）

1　「外面の育ち」が「内面の育ち」をともなっているか

現代の若者達の多くは、「外面的」に見れば、以前より大人になったと思います。もちろん時には京都での小学生殺害事件や新潟の女性監禁事件など、引きこもりや孤立という非社会的状況から反社会的行為に走る事例も一部に見られます。それでも一般的に言うと、人とのつき合い方は上手だし、趣味も豊かです。どうしてもごく一部の悪い面ばかりが目立ってしまいますが、私としては今の若者の中に、新たな良いものが着実に育ちつつあると見てよいと思うのです。

ただ、問題はそうした「外面の育ち」が「内面の育ち」をともなったものなのか、「内面の原理」に支えられたものなのか、ということです。実はこうした内面の問題が今見失われがちになっているのではないか、と思われて仕方ないのです。

「自分の実感や本音を大事にしよう」という社会の風潮があります。しかし自分の日常生活、目に見える世界での実感や本音のレベルにとどまっています。それを支える「日常的な実感や本音の底にある魂とでも言うべきもの」、さらには「見えないものに対する畏敬の念」などへのこだわりはありません。そういった内面世界の掘り下げ、より深い原理を確立しようという意識も、それが人間としていかに大切かという意識もなかなか見られません。

かつては偉大な先人に学んだり、哲学や伝統宗教の教えに接することで、自らの人生観を確立すべく努力する、というのが若者らしさとされていました。しかし現在は残念なことに、そういうこともありません。

人類が古来からの思想的な巨人、あるいは宗教的、哲学的な巨人に学ぼうとしてきたのは、私達の意識中枢の判断だけではうまくいかないことが多くあるからです。その場限りの安易な判断、あるいは思い上がった判断をしないようにするために、今まで多くの人々が、特に若い時代にそのような探求をしてきたわけです。しかし、それがなくなってしまいました。

「今」「ここ」「私」という言い方があります。この場合の「今」は悠久の時間の流れの中の「今」であり、宇宙大の広がりの中での「ここ」であり、さまざまな生命の営み、流れの中の一つの存在としての「私」です。そう本当に感じられるかどうかが問題なのです。実際には、多くの人が口にする「今」「ここ」「私」は、空間的にも時間的にも、そしてアイデンティティ（自己規定）のあり方の点でも、日常意識の単なる延長としての即自的な「今」「ここ」「私」でしかないのではないか、と思われてなりません。それでは結局は利己主義に陥ってしまいます。「人に迷惑をかけなければ何をしてもいい」という自己中心的意識に陥ってしまいます。

では「人に迷惑をかけなければ何をしてもいい」のでしょうか。自分が生きているということ自体、人類を構成する「私」という存在の具体的な表現になります。その「私」が何か悪いことをするということは、人類の中の一部が悪いことをするということであって、他人に迷惑をかけようがかけまいが、他人が気づこうが気づくまいが、人類全体にとっての不幸であるし、結局は自分自身を不幸にすることでもあります。それが分かっていないからこそ「何をやってもいい」ということにもなるのです。

2 日常生活の中で「秩序感覚」と「自己内対話」を

さて、教育論議が盛んになされるなか、倫理、道徳も大きなテーマになっています。私は、倫理、道徳の一番の根本は、自分自身の中で吟味検討を重ねる「自己内対話」にあると考えています。最近は「我慢させてはいけない」などと、とんでもないことを言う人がいます。それでは自分のやりたいと思ったことはなんでもやっていいではないか、となってしまいます。

「我慢する」というのは、まずもって自分自身の欲求欲望をコントロールすることです。それによって、自分の置かれている状況を一歩下がって落ち着いて見て、いろいろなことを考え合わせることができるようになります。これによって「自己内対話」も促進されることになります。これが理性的で総合的判断を可能にするのです。我慢なしでいくと、すべて短絡的となります。欲しいものは欲しい、いやなものはいやとして、それをすぐに行動に表してしまうことになります。

六〇年代からの高度経済成長によって、日本人は「豊かさ」の中で我慢することを忘れてしまいました。表面的にはおっとりした善人にはなりましたが、自分で自分をコントロールできなくなっています。主体性というのは、好きな時に好きなことを好きなようにやるということではありません。まず自己統制です。自分が「自分自身の主人公」になれなければ主体的とは言えないのです。

教育というのは、人類が長い時間をかけて作り上げてきた「ここは我慢しなさい」「ここはよく考えなさい」といった大人としての分別を子どもに理解させ、それによって子どもが自分自身をコントロールできるようになる、あるいは分別と自分の姿を照らし合わせて、自己内対話ができるようになるということです。このようなトレーニングは幼稚園から始めなければなりません。そして、日常生活の中で子ども達に「秩序感覚」と「自己内対話」を身につけさせなければなりません。

「秩序感覚」の基本は、いわゆるけじめです。けじめを日常の挨拶や生活習慣の中で体得することによって、次の段階の「自己内対話」につながっていく。「これをやりたい」「これでいい」という気持ちが起きた時にも、本当にこれでいいのか、安易ではないのかと振り返る「自己内対話」が必要なのです。これが「内面の育ち」「内面の原理」を持つということにつながっていくのです。

3　長野県の「輪読」の伝統を見直す

そして、自己内対話の拠り所となる原理が、そして自己内対話の柱となるコスモロジー（世界観）を与えてくれるものが、宗教や思想ということになるでしょう。

長野県の上伊那、下伊那、諏訪、松本市周辺の地域では、信州教育の伝統で戦前から小中学校の先生が月一回程度集まりを持ち、「読み合わせ」と称する輪読を行っています。輪読する書物としては、道元の『典座教訓』、親鸞の弟子が書いた『歎異抄』、そして西田幾多郎の『善の研究』の三冊が最もポピュラーです。先日訪ねた上伊那のある学校では『正法眼蔵随聞記』をやっていました。

こういった本の中に教師としての心構えや授業のハウ・ツーが説かれているわけではありません。人間とは何なのか、人生とは本来どういうことなのか、生命とは、善悪、美醜とはどういうことなのかを考える時のよすがを得るための「読み合わせ」なのです。

こうした古典の中に記されている理念や考え方も、歴史の流れの中で細部の評価は変わっていく場合があります。しかし、ユダヤ・キリスト教、イスラム教、仏教、ヒンズー教、いずれの宗教であっても、根底にはつながっているものがあります。古今東西、文化や時代、あるいは社会的な立場は違っても、人間として大切にしなければならない徳目、人類不変の大きな価値が存在しているのです。それが「自己内対話」の拠り所ともなるわけです。

今、教育改革ということで教育基本法の改正も大きなテーマになっています。教育基本法は、制定されてから五〇年以上になりますので、表現の仕方も古くなっています。しかし、日本の伝統とか文化遺産の継承ということに全くふれていないのは、いくら占領中に作られたものといっても、根本的に問題となる点です。これに加えて、宗教教育についての記述にも、大きな問題があります。

同法第九条には、「宗教に関する寛容の態度及び宗教の社会生活における地位は、教育上これを尊重しなければならない」と記されています。しかし「寛容」という言い方は、宗教は間違っているけれども我慢しましょう、大目に見ていきましょう、ということであって、宗教に対する侮辱的な規定と言わざるをえません。

4　「整えられた自己を拠り所に」

他の宗教に対して寛容であるべきというのは当然です。しかし、その前に必要なのは、宗教は人間が生きていくうえでの原理的なものにかかわる文化遺産だということの認識です。トインビーを引き合いに出すまでもなく、宗教は一つの文化の中核なのです。一つの文明が興ってくる際、宗教という形で価値観の体系、意味づけの体系が作られていく。その基盤の上に文化が栄えるのです。そのことを教えなければならないのです。

ですから、宗教は単なる「情操」でもありません。精神生活、「生きる」こと自体の根幹にかかわるものです。

お釈迦様が説かれたと言われる法句経の中に「よく整えられた自己を拠り所として歩んでいきなさい」という言葉があります。「よく整えられた」ということは、なんでも自分のやりたいことをやればいいというのではなく、「自己内対話」があり、自分の中に「秩序感覚」が育っていく。そういう「整えられた自己」を持って、それを原理として進んでいきなさいということです。これが真の主体性であり、「個性」であるわけです。逆に言えば、そういう形で歩んでいかない限り、酔生夢死といった上すべりの生き方しかできない、ということなのです。

5 「科学的」という言葉への非理性的信仰

それからもう一つ、現在の日本社会では、「科学」という言葉が一人歩きをしているように思われます。そして日本で科学というと「自然科学」だけが思い浮かべられます。自然科学的な発想ですべて解決できると考えられたのは、ヨーロッパでは一八世紀から一九世紀にかけてでした。日本がそういう自然科学にふれたのは明治維新前後からです。ヨーロッパで「科学万能主義」から抜け出しつつある時に、日本ではそれを後生大事にするということが始まったという現実があります。

たしかに人間は常に「理性的」で「論理的」であることが望ましいでしょう。しかし、理性や論理を自然科学的な発想だけで扱えるかというのは、また別の話なのです。私達はまた、理性や論理そのものがある限界を持っているということも理解しておかなければなりません。そういうことからも、宗教や思想、人類が古来営々と積み重ねてきた精神世界の深め方を大切にしなければならないと思うのです。

「科学的」という言葉に対するある種の非理性的な信仰があるのです。「科学的」という言葉でなんとなく納得してしまう風潮というのは、結局、物事を本当に考えていないということです。判断を非常に浅いレベルでやってしまうということです。

日本の社会、文化は今きわめて危険な淵にあります。援助交際の拡大や、オウム真理教、ライフスペースなど、すでに危機的な兆候が多く表れています。しかしながら、今の教育改革の論議は、発疹が出てきたからどの軟膏をつけようかという対症療法の次元のものばかりではないでしょうか。生活習慣そのものから直さなければ、発疹の大本を治療することはできないのです。

小手先で何かをやればいいということではありません。今の日本の社会の基本的な感覚、発想、価値観、心情の持ち方を根本的に変えていかないと、日本という国は沈没してしまうと思います。沈んでいこうとする船上で優雅にダンスを踊っているような状況にあるように思えてならないのです。宗教の問題を、こうした危機的状況から脱出していくための本質的な課題に導く重要な道筋を準備するものとして、今こそ真険に考えてみなくてはならないのではないでしょうか。

教育基本法と宗教教育（コラム：『声』二〇〇一年三月号より）

二〇〇〇年の一二月二二日、教育改革国民会議は「教育を変える17の提案」と題する最終報告を森総理大臣に手渡しました。これを受けて、文部科学省は二〇〇一年の一月二五日に詳細な教育新生プランを発表しました。こうした教育改革方策のうち、すぐに実施できる点については春の通常国会に六本の法律改正が提案され、その裏づけになる予算措置もなされています。しかし、教育基本法の改正をはじめ、これから中長期的に取り組まれるべき課題も少なくありません。

日本での宗教教育を今後どうするか

日本の小中高等学校での宗教教育をどうするか、という問題も、これから時間をかけて慎重に論議され、その実施方法が工夫されるべき課題の一つです。

教育改革国民会議の最終報告では、最後の第17提案「新しい時代にふさわしい教育基本法を」の中に、

「宗教教育に関しては、宗教を人間の実存的な深みに関わるものとして捉え、宗教が長い年月を通じて蓄積してきた人間理解、人格陶冶の方策について、もっと教育の中で考え、宗教的な情操を育むという視点から議論する必要がある」

という文章が入れられています。

これは実は、（教育改革国民会議の企画委員を務めた）私の書いた部分なのですが、こうした提言を最終報告に入れるに当たっては、報告案を起草した企画委員会においてもかなりの議論がありました。そして一時は、「宗教教育への言及は難しい問題があるから除去するか、ごく簡単にしよう」ということになったほどでした。しかしながら浅利慶太氏をはじめとする何人かの方々の一貫したサポートもあって、結局のところは、当初のような表現が報告に入れられたわけです。

こうした文言を提言の中に組み込んだのは、現在の教育基本法での宗教教育の規定に対して根本的な不満があるからです。教育基本法では、その第九条に、次のように述べられています（他の箇所には宗教ないし宗教教育という言葉は一切ありません）。

①宗教に関する寛容の態度及び宗教の社会生活における地位は、教育上これを尊重しなければならない。

②国及び地方公共団体が設置する学校は、特定の宗教のための宗教教育その他宗教的活動をしてはならない。

宗教に関する〈寛容〉でいいのか

ここでまず第一に問題となるのは、「宗教に関する寛容」という言葉です。『広辞苑』によると、〈寛容〉という語については次の三つの意味があるとされています。

(1)寛大で、よく人をゆるし受けいれること。咎めだてしないこと。
(2)他人の罪過をきびしく責めないというキリスト教の重要な徳目。
(3)異端的な少数意見発表の自由を認め、そうした意見の人を差別待遇しないこと。

ここに明確に示されているように、〈寛容〉の対象となるものは、必ずしも多くの人が積極的にその価値を認め大事にする、といったものではありません。若干の問題はあるかもしれませんが、〈寛容〉の精神を持って受け入れよう、という消極的是認を意味するものなのです。『広辞苑』に示されているところを援用するならば、〈宗教に関する寛容〉とは、たとえばキリスト教の場合であるなら、次のことを意味することになります。

(1)キリスト教に対して寛大で、クリスチャンである人をゆるし受けいれること。キリスト教を、あるいはクリスチャンであることを咎めだてしないこと。
(2)キリスト教、あるいはクリスチャンの罪過をきびしく責めないようにすること。
(3)日本社会で絶対的な少数者であり日本の伝統的な考え方と異なる信念を持つクリスチャンの意見発表の自由を認め、そうした意見の人を差別待遇しないこと。

結構な話です。日本国憲法で認められた思想信条の自由を教育基本法で認めてもらっているわけです。個人的に言えば、戦争中「ヤソ」という言葉を浴びせられいじめられた記憶を持つ私としては、たしかに〈寛容〉であってほしいものです。しかしそれ以上の積極的な意味は、ここにはいっさい含まれてはいません。

宗教というものを人類の保持する最も重要な精神的文化遺産の一つであるとする視点は、

教育基本法には全く欠如しています。だからこそ、こうした大前提で教育を受けてきた現在の日本人の多くが、「宗教というものはどこかうさんくさい変なものである、しかしそれを一生懸命信じ込んでいる人も現にいるのだから、ことを荒だてさせないで、大目に見ていかなくてはならない」といった基本的考え方を持つにいたっているのではないでしょうか。

宗教は社会生活上のものなのか

第二に問題となるのは、「宗教の社会生活における地位は……尊重しなければならない」という文言です。宗教はもともと精神生活にかかわるものです。しかしそのことを尊重するという文言はなく、宗教にとって副次的なものでしかない「社会生活における地位」のみが教育上の尊重の対象として示されているのです。

クリスマス・イブにホテルで楽しいひとときを持つとか、お正月の初詣に有名神社をまわるとか、七五三に着飾った小さな子どもをつれて神社に行くとか、教会で結婚式をあげるとか、葬式は寺でやってもらうとか、たしかに宗教は日本で重要な社会生活上の位置を占めています。しかし宗教をそうした面でのみ認識させ大事にさせるという教育が行われるとすれば、かえって宗教そのものを形骸化させ、無力化していくことになるでしょう。

たとえばキリスト教の場合に例をとって、これがどういう意味を持つことになるのか考えてみていただきたいと思います。イエスは、ローマの統治下にあるユダヤ民族に対して、反乱とか不服従とかを説いた方ではありません。ユダヤ社会に正義と平和が欠けているから、その是正のために戦うように、と説いた方ではありません。そうではなく、「私の国は地上にはない」と繰り返し説かれ、徴税に関する当時のユダヤ人社会としては重大な意味を持つ政治的ジレンマを突きつけられた時には、「シーザーのものはシーザーへ、神のものは神へ」と明確に答えられたのです。

宗教は基本的に、個々人の〈実存的深み〉といった「我の世界」にかかわるものであって、社会生活といった「我々の世界」に対しては副次的なものにとどめなくてはなりません。これが逆転して、なんらかの宗教を旗印にしつつ「我々の世界」が規定されていく場合には、複数の独善的な宗教社会の間で戦いが起こったり（十字軍やヨーロッパの宗教戦争など）、一つの宗教の下での全体主義的社会が現出することになります。このような歴史的過ちに陥ってはならないことは、たとえば最大の宗教人口を持つカトリック世界においては、一九六〇年代初頭の第二バチカン公会議にもとづくローマ教皇の明確な反省と宣言もあり、自明のこととなっています。

このように考えてくれば、教育基本法に述べられている〈宗教〉の考え方も、〈宗教教育〉の位置づけも非常に皮相なものであって、本質的な理解も積極的な意味づけも、全く欠いていることが明らかとなります。敗戦前の国家神道体制を打ち破るに急であったため、宗教自体を日本の社会から、そして多くの日本人の心から排除してしまう、という方向にいってしまったとしか言いようがないではないでしょうか。

しかし、敗戦から半世紀以上が経過した今日です。そして二一世紀における新しい社会のあり方、教育のあり方を構想せざるをえない今日です。宗教について、宗教教育について、本質的な地点に立ち返り、宗教の積極的な価値を認める方向で論議をしていくことが必要ではないでしょうか。

もちろん、その前提として、宗教を論じる人自身が、宗教が人の実存にかかわるものであることを、自分自身の実感としてきちんと理解ないし予感していることが不可欠だろうと思われますが……。

＊『基礎・基本の人間教育を』（金子書房、二〇〇一年）の第13章およびコラムとして収録したものにもとづく。

エピローグ　メメント・モリから（一九九八年）

1　父の墓の前で

春分の日、春の彼岸とあって墓参の人の姿が多い。いつも冷え冷えとした感じのある衣笠山墓地であるが、今日は天候が良いせいか春らしい華やかな暖かさが漲っている。ここは金閣寺の裏山に当たる。距離的には市街地のすぐ近くであるが、街のざわめきからは完全に切り離され、深山に入った感がある。カトリック墓地のため十字架の形をした墓標が、同じ形式、同じ大きさで、何重もの列を作って並ぶ。それぞれの墓前に手向けられたさまざまな花が彩りを添える。その間を縫うように、家族連れのカラフルな人影が見え隠れする。

私もまだ新しい父の墓に向かって歩を急ぐ。

父の墓を京都のこの墓地に決めるについては、若干の逡巡があった。梶田家先祖累代の墓は故郷・鳥取県米子市にあり、また母や妹達は島根県松江市に住んでいる。どちらかに墓地を定めるのが自然であろうが、父が若い時分に自分の意思でカトリックの洗礼を受け、カトリック者として生を全うしたことを思うと、仏教寺院の境内にある先祖累代の墓では落ち着きが悪かろう、と考えたのである。今からは想像も難しいことであろうが、クリスチャンであることは太平洋戦争の最中には大変なことであった。非国民と呼ばれ、社会的な迫害と生活上の困難をともなったのである。終戦の日の夜には、酔っ払った憲兵達が手に手に軍刀を持って我が家に乱入し、「お前らヤソがおったから日本は負けたんだ」と追いかけられ、幼かった私達兄弟も母親に手をとられて裸足で裏口から出て田んぼの中を逃げまどった記憶もある。いずれにせよ、この衣笠山の墓地には、妻の両親や妹、親族も大勢眠っている。墓参にも都合がいいし、誰かがついでの折にウチの墓の掃除もしてくれるのでは、というアテもある。

父の墓には、石造りの十字架が立ち、その横木に当たるところに「神より生れ、神に還る」と刻んである。十字架の前の石の蓋には父の名と生没年、並んで祖母の名と生没年が刻んである。父の墓を作った時に祖母（私はおばあちゃん子であった）の遺骨も分骨してもらって合葬したのであるが、私の母の母であるから苗字は異なる。この墓には、私と深い御縁のあった人が、個人として次々と入ってくれたら、という願いがある。もちろん私も、やがてはここに入れてもらうつもりである。

2　メメント・モリ

父が亡くなった直後、週刊の教育情報誌『内外教育』（時事通信社刊、一九九七年二月六日号）の表紙に、

「メメント・モリ」と題する次の文章を書いた。

正月の六日、父が急逝した。驚いて帰郷し、近親のみでささやかな葬儀を行った。喪主として火葬の始動スイッチを押す、という辛い務めも果たした。火力が強過ぎ、ほとんどが灰となった中で骨あげをしながら、「人は塵に帰る」ことも実感させられた。何日かは時々の父の姿が目に浮かび、必ずしも完全燃焼でなかった父の生涯を想い、涙した。しばらくしてやっと、「これはこれで一つの完結なんだ」という感慨を持つことができた。

我々の生は死と隣り合わせにある。だからといって無常だとか空だとか言うつもりはない。何もかもはかない、何をやっても無意味だ、と言うつもりはない。死と裏腹に存在せざるをえない生はたしかに不条理である。しかし「だからこそ」という考えを堅持したいとつくづく思う。

「死の教育」が提唱され、実践する学校も少しずつ出てきている。子どもの目から隔離されがちな死を、子どもにきちんと認識させ受け入れさせたい、という願いは貴重である。しかし問題は、どういう意味を持つものとして死を認識させるかである。人生をいささかも軽いものだと感じ取らせる方向で認識させたくはない。生きることを無意味だとかナンセンスだとかいう方向で認識させたくはない。やはり「だからこそ」という力強い意欲と決意に結びつけたいものである。

メメント・モリという言葉がある。死を常に念頭に置くよう勧めるものである。「死を思い起こせ」とか「死を記憶にとどめよ」と訳せばよいのであろうか。死を念頭に置けば、少なくとも世俗的で瑣末なことに気を取られなくて済むはずである。肩書きや勲章、見ばえや評判等々でなく、自他のために積極的な意味を持つ何かを目指して生きたくなるはずである。

父親の死という事実を噛みしめながら、死と生について考えさせられた年頭であった。「だからこそ」を自分自身に言い聞かせ、積極的に生きる決意を新たにするよい機会であった。

これはまさに私の本音である。死を前にした時、あらゆる社会文化的な約束事は意味を失ってしまう。自分自身の無化を前にして、人生や人間や私についてのあらゆる意味づけは、その彩りを失ってしまう。逆に言えば、あらゆる意味づけは、私自身が確固としてここに存在していることを大前提とし、その私自身の存在とのかかわりにおいてはじめてその彩りを持つということなのであろう。

キリストと呼ばれたイエスの思想を忠実に反映している部分が多いと言われる「マルコ福音書」（『新約聖書』の中で一番古い部分を遺すもの）に、イエスの述べた言葉として、「神は死者の神ではなく、生きているものの神である」（一二‐二七）と記されている。サドカイ派の人達が死者の復活の問題について議論をふっかけ、七人の兄弟の長男の妻が夫の死後、次兄の妻となり、その夫の死後三兄の妻となり、……といった形で結局兄弟七人全部の妻となったとしたら、復活した折にはいったい誰の妻とされるのか、と尋ねたことに返答する中で言われた言葉である。ここでイエスは、死者が復活すればもはや娶ることも嫁ぐこともなく天使のような存在になるのだ、と当時のユダヤ教の伝統的思想に即して述べた後、最後の結論として「生きているものの神」と言うのである。

うわさ話や共有のイメージ、あるいは社会的約束事の中で、いわば三人称的に生きるのであれば、「神」についても三人称的に、いわば世界を構成する一つの装置として語ることができるであろう。しかし、〈私〉が自分に固有な思いを持って自分の責任で生きる、という一人称的な生き方をしようとするなら、「神」もまた今ここで生きている〈私〉との関係でのみ存在する、と言っていい。「神」についての他の形での意味づけは、それがいくら壮大で荘厳なものであろうと、基本的には暇人の無責任なおしゃべりないしうわさ話にすぎないものである。

いずれにせよ、一人称的に生きるという文脈の中で言うならば、まさに、「(不条理な死と裏腹な存在)だからこそ」である。自分自身の無化を眼前にし、あらゆるものの意味づけが彩りを失い、そして自分自身にそれまで与えてきた(与えられてきた)あらゆる物語を捨て去らざるをえない破目に陥る際、「だからこそ」と考えたい気持ちが湧き起こってほしい、と願うのである。「本来空」でも「本来無一物」でもなんでもいいじゃないか、〈私〉という確固とした存在があると思うこと自体が幻想なり夢想なりであったとしても一向に差し支えないじゃないか、といった気持ちである。そこには、今ここで〈私が〉とか〈私は〉とかにこだわっていること自体に対する慈しみとか愛おしさの気持ちもある。同時に、「無」であろうと「空」であろうと、意識の世界の現象としては、〈私〉が確固とした実在としての意味充足感を与えられていることへの感謝がある。そして「だからこそ」という積極的な気持ちを、前向きの内的な促しを堅持しつつ、自己意識のある限り、充実した内面世界を抱いてイキイキワクワクと生きていきたいと思うのである。

今はやりの「自分探し」も、こうしたイキイキワクワクした生き方を求めてやまない気持ちが生み出したものであろう。日常生活で経験している不完全燃焼の自分を脱ぎ捨て、本当の〈自分〉や〈自己〉

にたどり着いた時にはじめて、本当のイキイキワクワクが実現するだろう、という予感が広範に存在するのである。そして、そうした本当の〈自分〉なり〈自己〉なりをなんとかつかまえたい、と探し回り始めることになる。ちょうどチルチルとミチルが青い鳥を探し回ったのと同じように。

日常生活の中では十分に意識していないけれども、自分の深いところに本当の〈自分〉とか〈自己〉が潜んでいるはずだ、という思いもある。さらに言えば、今まで気づかなかった自分の大事な一面を発見することによって、新しい気持ちで、より深く、より手応えを持って生きていけるようになるのではないか、という期待もある。

いずれにせよ、もっとイキイキワクワク生きていくためには、自動操縦的に平板な意識のまま生きている日常性の世界からなんらかの形で脱出しなくてはならないのである。「メメント・モリ」はそのための有力な手法として、古来、多くの人が推奨してきたものである。「自分の死」を強く意識してみることで、〈他ならぬ私が、私自身の責任で生きていかざるをえない〉という一人称的な「自分の生」を強く意識せざるをえなくなる。日常意識の中でいつのまにか陥りがちな三人称的な生〈他の人達の目に映る自分を意識しつつ生きる〉、愛する人達に囲まれての二人称的な生〈愛する家族や友人達が満足してくれるように生きる〉から、いやでも脱却せざるをえなくなる。そこではじめて、日常的な惰性的な意識の裏に隠されていた本当の〈自分〉なり〈自己〉なりが垣間見えてくるのではないだろうか。

3　生命の流れの中で

谷間にあるここ衣笠山墓地は、夕暮れのきざすのも早い。さきほどまで墓と墓の間を縫うように見え隠れしていた墓参の人達の姿も、いつのまにかまばらになっている。親族知人の墓を回って次々に墓前の祈りを捧げた後、もう一度父の墓の前に立つ。この墓の下にはたしかに父の骨がある。しかし、父の存在はもうどこにもない。喜怒哀楽の中で生きた一人の人格としての父は「無」と化している。存在しているのは、遺伝子を引き継いだ私の頭の中にある意識としての父の思い出のみである。このようにして、大きな生命の流れの中で一人ひとりが生まれ変わり死に変わりしていくのだ、という思いが頭をよぎる。

それにしても、このところ、「お父さんそっくりになられましたね」と声をかけられることが多い。自分で意識することがなくても、私自身の顔かたち、身のこなし、感情の動き、そして関心の持ち方や欲求の持ち方といった内面世界のあり方まで、父に似たところが出てきている。個体意識なり自己意識なりとしては全くの別物であったとしても、そうした意識を支えている基本構造には、父と私とで何か共通の基盤があるのであろう。こうした共有の心理的土台のためもあってか、私自身この世に生をうけて六〇年近く、父の場合と同様、不器用であり、十分に燃焼しないままという焦燥感を常に抱え続けている。私自身も、意識という牢獄に強くつながれすぎる故であろうか。

いずれにせよ、私自身の自己意識の内容として言えば、父からのバトンを私が引きついでいる。そしてそのバトンも、私の娘と息子が、そして私の孫達が、すでに引きついでくれている。父に続いて私も無化への客観的条件は十分に整っていると言ってよい。後は自分に与えられた個体的心身の面倒を見ながら、誰に対しても何に対しても迷惑になることなく、生きられるところまで生きていければそれにこしたことはない。

静寂の中で、こんな思いに、つい浸り込んでしまう。

一陣の風が吹き渡る。夕闇が迫り無人となった墓地に、謡の調べのような父の声が、私に向かって『閑吟集』の古い小歌をささやきかける感じがある。

「一期は夢よ、ただ狂え！」

あとがき

この第Ⅲ巻に所収した論考の多くは、一九九八年刊行の『意識としての自己』（金子書房刊）に収録のものであり、本書はその『増補版』という性格を持つ。本書に増補した部分は以下の通りである。

プロローグの冒頭部分［書き下ろし］
第6章　マルチなアイデンティティと新たな統合の道と
梶田叡一・中間玲子・佐藤徳編『現代社会の中の自己・アイデンティティ』（金子書房、二〇一六年、終章）
第7章　〈公〉も〈私〉も大事にするということ
『自己を生きるという意識』（金子書房、二〇〇八年、第4章）
第8章　自己幻想からの脱却と〈いのち〉の自覚
人間教育研究協議会編『教育フォーラム44』（金子書房、二〇〇九年、一〇〜二一頁）
附章3　個我的自己意識からの脱却と宗教――心の教育のために
心の教育実践交流会基調講演（二〇〇一年八月一八日）
附章4　日本の伝統的美質である宗教多元主義の尊重復興を
『弘道』第一〇七八号（二〇一二年五〜六月号、一二〜一六頁）

附章5　偽善とは何か──自分自身を生きるということ
大阪キリスト教短期大学卒業生への講話（一九九二年三月一一日）
附章6　宗教教育の再興
『基礎・基本の人間教育を』（金子書房、二〇〇一年、第13章）

なお、「エピローグ」は『意識としての自己』に収録のものと基本的に同一であるが、記述内容の面から執筆時期を明記した方がいいのでは、との判断で、タイトルの末尾に執筆年（一九九八年）を付加してある。

一九九八年版の『意識としての自己』の「あとがき」では、この本は「原論的性格」を持つもの、私なりの「自己意識研究序説」であるとしている。ヒトが適応的に生きていくうえで進化させてきた個体の意識世界のあり方について、基本的には幻影でしかないと認識しつつも、個体が一個の主体として生きるための不可欠な道具立てとして、主客の別やアイデンティティの確立などといった形での「公理系」的な組み立てをはかり、「自分自身を生きていく」ためのものにしていこうとする様相を繰り返し叙述している面がないわけではない。この第Ⅲ巻に所収した論考は、こうした意味を含め、いずれも個々人が実存的に生きることの基盤にかかわるものと言ってよい。宗教にかかわるさまざまな論考も、基本的にこうした文脈で取り上げられている。こうした面への関心も、またその展開のはかり方も、私自身の若い頃から現在まで継続してきたものである、ということを見てとっていただけるのではと思い、収録したものである。

こうした実存的な面に関心を持って研究を進めてくるうえでは、何人かの大先輩の方との出会いが大きな力になってきた、という思いが強い。

その一人が、上智大学で長く教鞭をとられた霜山徳爾先生である。ヴィクトール・フランクルの『夜と霧――ドイツ強制収容所の体験記録』の翻訳者として、私にとってははじめは近寄りがたい大きな存在であった。しかしながら、何度かお会いする機会を持つうちに打ち解けてお話ししていただけるようになり、個人的な思いまで漏らしていただけるようになった。どこか本物の宗教者のような深みのある雰囲気をお持ちの方であった。

もう一人が文教大学の学長もされた水島恵一先生である。この著作集の第Ⅰ巻でも、第14章「日本における自己意識研究」の中で先生のことは取り上げているが（二七四〜二七七頁）、日本人間性心理学会の立ち上げの頃に個人的に言葉をかけていただくようになり、特に晩年は何度も御手紙をいただくなど、個人的な交流が深まった感がある。まさに御自身の実感・納得・本音を大事にされた人間学の研究者であり、独自の深い認識世界を紡ぎ上げられた日本には珍しいタイプの心理学者であった。

梶田叡一

なお、この第Ⅲ巻の編集と刊行に当たり、東京書籍株式会社出版事業部の植草武士部長と金井亜由美さん、小野寺美華さんに多大なお世話になった。ここに記して心からの謝意を表したい。

二〇二〇年一〇月

底本一覧

プロローグ・第1章〜第5章・附章1・附章2・エピローグ　『意識としての自己』金子書房、一九九八年。

第6章　『現代社会の中の自己・アイデンティティ』金子書房、二〇一六年。

第7章　『自己を生きるという意識』金子書房、二〇〇八年。

第8章　『教育フォーラム44』金子書房、二〇〇九年。

附章3　『心の教育実践交流会基調講演』二〇〇一年八月。

附章4　『弘道』第一〇七八号、二〇一二年五〜六月号。

附章5　『大阪キリスト教短期大学卒業生への講話』一九九二年三月。

附章6　『基礎・基本の人間教育を』金子書房、二〇〇一年。『声』木鐸館、二〇〇一年

【編集付記】

附章２〔討論〕の再掲載にあたり、各参加者のご承諾をいただきましたが、連絡のとれない方がいらっしゃいました。お心当たりの方は、編集部までご一報いただけますと幸いです。

本書で用いられている一部の用語については、現在では、差別的で不適切とされるものもあります。編集にあたり最大限の配慮はいたしましたが、過去の時代の歴史的考察の立場から、あえて掲載させていただいた場合もあります。著者、出版社に差別等の意図は全くないことをご理解いただきたく、お願い申し上げます。

梶田叡一（かじた・えいいち）

1941(昭和16)年4月3日，松江市生れ。隣の米子市で幼稚園・小学校・中学校・高等学校を卒え，京都大学文学部哲学科(心理学専攻)卒業。文学博士[1971年]。国立教育研究所主任研究官，日本女子大学文学部助教授，大阪大学人間科学部教授，京都大学高等教育教授システム開発センター長，京都ノートルダム女子大学長，兵庫教育大学長，環太平洋大学長，奈良学園大学長を歴任。
現在は桃山学院教育大学長。併任として，[学] 聖ウルスラ学院（仙台）理事長，日本語検定委員会理事長。

これまでに，教育改革国民会議（総理大臣の私的諮問機関）委員［2000年］，第4期・第5期中央教育審議会［2007～2011年］副会長（教育制度分科会長・初等中等教育分科会長・教育課程部会長・教員養成部会長），教職大学院協会初代会長［2008～2010年］等を歴任。
また，大阪府私学審議会会長，大阪府箕面市教育委員長・総合計画審議会会長，鳥取県県政顧問，島根大学経営協議会委員・学長選考会議議長，[学] 松徳学院（松江）理事長等も歴任。

（中国上海）華東師範大学〈大夏講壇〉講演者［2006年］，兵庫教育大学名誉教授［2010年］，日本人間性心理学会名誉会員［2013年］等の他，神戸新聞平和賞［2010年］，（裏千家淡交会）茶道文化賞［2012年］，宮城県功労者表彰［2014年］，京都府功労者表彰［2017年］等を受ける。

主な著作に，『生き生きした学校教育を創る』『教育評価』有斐閣，『真の個性教育とは』国土社，『教育における評価の理論（全3巻）』『〈いのち〉の教育のために』金子書房，『教師力の再興』文溪堂，『和魂ルネッサンス』あすとろ出版，『不干斎ハビアンの思想』創元社，等がある。

自己意識論集 III

意識としての自己

2020年11月30日 第1刷発行

著　　者　梶田叡一
発 行 者　千石雅仁
発 行 所　東京書籍株式会社
東京都北区堀船 2-17-1　〒114-8524
営業 03-5390-7531／編集 03-5390-7455
https://www.tokyo-shoseki.co.jp
印刷・製本　図書印刷株式会社

装幀　難波邦夫
DTP　牧屋研一
編集　植草武士／金井亜由美／小野寺美華

ISBN978-4-487-81398-8 C3311

梶田叡一『自己意識論集』

全5巻〈四六判・上製本〉各巻平均三〇〇頁

【各巻の構成】

第1巻　自己意識の心理学
第2巻　自己意識と人間教育
第3巻　意識としての自己
第4巻　生き方の心理学
第5巻　内面性の心理学

【発刊の辞】

自己意識の問題は、アイデンティティ、自己概念、自己イメージ、自尊感情、等々の形で論じられ、現代の心理学・社会学・教育学等において、最も重要な課題の一つとされてきました。個々人の言動の土台になるだけでなく、生き方の問題、さらには社会や文化の組織と機能にまでかかわってくるのが、自己意識の問題だからです。「人間の人間たるゆえんを解明するポイントは自己意識にあり」ということになるのではないでしょうか。従来はアメリカやヨーロッパでの研究が多かったのですが、現在においては日本の若手・中堅の研究者の間でも、非常にポピュラーな研究課題の一つとなっています。

私自身は、一九六〇年の京都大学文学部入学以来、今日まで一貫してこの領域の問題に取り組んできており、一九七一年に京都大学から授与された文学博士号も「自己意識の社会心理学的研究」というものでした。私の研究はその後、教育に関する諸問題などにも拡がっていますが、その際の大事な理論的枠組みにも自己意識の問題が大きくかかわっています。私の周辺の現役研究者にも、私の積み重ねてきた自己意識にかかわる仕事を一つの踏み台としてくれている人が少なくありません。

この論集は、私自身のこれまでの自己意識論に関する五冊の単行本を柱としながら、最近の論文等でこれを補い、新しいまとまった形で世に問おうというものです。